民主主義を立て直す

日本を診る2

民主主義を立て直す

日本を診る 2

片山善博

岩波書店

はじめに――日常の民主主義に目を向ける

「民主主義を立て直す」と名づけた本書の出版を準備しているちょうどそのとき、政権与党は、違憲の疑いと国民の強い反対がある安全保障関連法案をむりやり採決した。わが国の民主主義の機能不全を象徴する出来事だし、皮肉なことに民主主義を立て直すには何が必要かを考えるうえで格好の教材を与えてくれてもいる。

民主主義とは、自分たちの公的なことは自分たちの意思で決めるとの理念であり、それを実現させる制度である。もっとも、自分たちで決めるといっても、数多の事項をいつも自分たちで決めるのは不可能だ。そこで、国政でも地方政治でも便宜上自分たちの代表を選び、平素その代表を通じて合意を形成し、決定する仕組みをとる。議会制民主主義である。

議会の決定は多数決原理に基づく。ただ、その数の論理が受け入れられるには条件があり、その一つが真摯な議論と妥協である。多数決は武力で頭をかち割るかわりに頭数を数えて決める方式だが、単に頭数を数えるだけでは正当性を伴う決定にはなりにくい。形式上決まったとしても、肝心の合意形成が欠けているからである。

真摯な議論を通じて法案の利点と難点が明らかになる。矛盾や疑問、他の選択肢の可能性などの指摘に的確に答えられるかどうかで法案の良否が判断される。的確に答えられず、納得が得られないなら、法案には欠陥があるはずだ。ならば修正なり撤回しなければならない。これが妥協で、多数決原理のもとでは、多数派にこそ妥協が求められる。このことを小学校や中学校では「少数意見の尊重」と教える。少数意見の尊重とはとりもなおさず多数派が妥協し、譲歩することにほかならない。

最近の国会を見ると、真摯な議論があるとは到底思えない。安全保障関連法案の質疑では首相や閣僚の答弁に一貫性がなく、国民の疑問や不安、それに憲法学者などの批判にまともに答えていない。

それでも、法案は撤回も修正もされないし、もっと時間をかけて慎重に審議しようということにもならない。「一〇〇時間以上も審議したのだからそろそろ採決」という物言いは、少数派のために長時間付き合ってやったのだから、もういい加減にしろ、という意味だろう。それは少数派に一方的に譲歩を押し付けることであって、多数派が譲歩する姿勢ではない。議論する前から結論を決め、それを毫《ごう》も変える気がないのでは、議会制民主主義は成り立たない。

議会制民主主義が有効に機能するには、代表する者とされる者との間の信頼関係が不可欠だ。この点では法案の大勢を決め得る立場の政権与党の責任が特に大きい。政権与党は選挙で多数を獲得したが、それには選挙時の公約のほか過去の言行も大いに与《あずか》って力があったはずだ。それを重んじているかどうかは以後の信頼感に大きく影響する。

安全保障関連法案では自民党も公明党も多くの国民の信頼を棄損した。両党とも長い間変わることなく、集団的自衛権は憲法上認められないと主張してきた。それが憲法第九条の解釈として広く定着していたのに、第二次安倍晋三政権ではこの解釈を閣議決定でいとも簡単に変えてしまった。法的安定性をかなぐり捨てたのだから、国民の不信や不安が昂じるのは当たり前である。

二〇一四年暮れの総選挙の際、安全保障法制の整備を党の公約に書き込み、そのうえで選挙に勝ったのだから有権者の信認を得ていると、自民党は言う。たしかに公約に記述があるものの、それはほんの数行でしかも集団的自衛権には触れていない。こんな詭弁が国民の不信感を増幅させている。

選挙の争点はさまざまで、有権者はそれらすべてを了解したうえで投票するわけではない。まして、多数派に白紙委任などしていない。そこで、重要な政策を決めるに当たり、多数派には、少数派の意見だけでなく、民意の動向に配慮し、専門家の見解に耳を傾けることが求められる。その機会の一つになるのが、国会における公聴会であるはずだ。

国会は公聴会などを通じて得られた知見を審議に生かすことで、国民の信頼をつなぐことができる。安全保障関連法案の審議に際しても公聴会は開かれた。しかし、そこで出た貴重な意見を審議に生かそうとする考えは、政権与党にはとんとなかった。あたかも採決をする前の通過儀礼のごとくで、議会制民主主義の形骸化をわかりやすく演出していた。

それでは民主主義の形骸化は安倍政権下に特異な現象かといえば、必ずしもそうではない。それまでの主張や約束を平気で反故《ほご》にすることでいえば、民主党政権にも忘れられないことがある。政権に就く前、あれほど消費税を上げるべきでないと言っていたのに、当時の野田佳彦首相は「消費税増税は大義である」とまで言い放った。政策の大転換についてまともな説明も釈明もしないままに、である。今に続く民主党に対する国民の不信の原因の一つだと思う。

公聴会を開いて有識者や国民の意見を聴いても、それを法案審議に生かそうとしないのはいつものことだ。安全保障関連法案の際には、野党は公聴会の形骸化を厳しく批判していたが、ならば日常の公聴会の形骸化についてはどうか。やはり採決前の手続きとしか考えていなかったのではないか。

安全保障関連法案の採決では、多くの国民が街頭に繰り出し「勝手に決めるな」と怒りの声をあげた。それはそのとおりなのだが、「勝手に決めている」のは国会だけではない。地方議会でも予算や条例をいつも「勝手に決めている」。その結果が、不要不急の箱物やイベント予算はつくのに、保育所に入所できない待機児童は一向に解消しないという現状ではないか。また、審議する前からすでに結論が決まっていて、一切変わらないという特徴は、地方議会のほうが国会より顕著である。

安全保障関連法案の強引な採決で国民の声が無視されたことを決して忘れないようにしよう、と言う。これもそのとおりだと思う。ただ、それにとどまらず普段の国会にも注意を払うべきだし、身の回りの地方議会にももっと関心を寄せてほしい。地方自治は民主主義の学校だというが、わが国の民主主義を立て直すにはこの「学校」のあり方こそ問われなければならないからだ。

筆者は、国政や地方政治において日常的に見られる不具合を実例として取り上げ、その原因や処方箋を「日本を診る」として『世界』に連載してきた。二〇〇八年一月号—一〇年一〇月号までの連載については、すでに『日本を診る』(二〇一〇年)として刊行した。その第二弾となる本書は、二〇一二年九月号以降の連載を収める。民主党政権が国民の期待に応えられないまま失速し、安倍政権が成立して以降の時期と重なる。今日の傷つき形骸化した民主主義を、その基底から立て直すにはどうすればいいか。本書を通じて、できるだけ多くの読者にそのヒントを汲み取っていただくよう願っている。

片山善博

民主主義を立て直す

目次

目　次

3 政治は誰のものか――安倍政権を検証する2

本書は、『世界』(岩波書店)連載「片山善博の「日本を診る」」三五―七〇回(二〇一二年九月号―二〇一五年九月号)を加筆・修正し、再構成しました。

小田切徳美氏との対談「真の「地方創生」とは何か」は、同誌二〇一五年五月号に掲載されたものを加筆・修正しました。

各項のタイトル下、( )内は掲載年月号です。

I

政治の迷走はなぜ続くのか

1　挫折した「政治主導」──民主党の失敗に何をみるか

民主党の「政治主導」を点検する　（二〇一二・九）

マニフェストを語る資格がなくなった民主党

二〇〇九年の衆議院議員総選挙の際、民主党のマニフェストは多くの国民から好意的に受け止められた。子ども手当の支給や月額七万円の最低保障年金制度の創設など、大胆で斬新な政策が盛り込まれていたこともさることながら、「マニフェスト」そのものに従来の「公約」にはない新鮮さと確かな手ごたえを感じさせる響きがあった。それまでの官僚主導の政治を改め、国民の代表である政治家が国民の目線に立って政治を行う。この「官僚主導から政治主導へ」の理念にも多くの国民が共感を寄せていた。

それまでの「公約」は選挙対策用のアクセサリーのようなもので、それを真に受ける有権者はほとんどいないという暗黙の了解が、作る側にも受け止める側にもあった。しかし、「マニフェスト」はそんないい加減なものではない。具体的な政策について財源のめどをつけたうえでその実現を約束しているし、主要な政策には数値目標や実現に至る工程表も添えられている。マニフェストには信憑性が伴っていた。

こうした背景のもとに作られたマニフェストを掲げて総選挙を戦い、民主党がみごとに政権交代を果たしてからおよそ三年、そのマニフェストはすっかり色褪せ、いまや見る影もない。最初は徐々に、そして、三党合意(民主・自民・公明三党による「社会保障と税の一体改革に関する合意」二〇一二年六月)を機に一気呵成に、民主党はマニフェストに掲げた理念や主要政策のほとんどを自ら捨ててしまったからである。

マニフェストとは有権者との約束で、そこに書いていることを命がけで実行し、書いていないことをやってはいけない。これは政権交代前の選挙の際に、野田佳彦総理自身が有権者に語りかけていたことで、いまでもインターネット上でそのときの演説を聞くことができる。その際、自民党のことを引き合いに出し、「マニフェストに書いてあったことは何にもやらないで、書いてないことは平気でやる。それではマニフェストを語る資格がない」と批判してもいた。

ところが、政権の座に就いた野田総理は、党のマニフェストに書いていなかったのみならず、自らが絶対やらないと公言していた消費税の引き上げをこともあろうに「大義」だとし、これに「政治生命をかける」とまで言いだした。一国の総理が政治生命をかけるのであればどんな犠牲でも払うと見るのが当然で、案の定野党は消費税の引き上げをいわば人質に、民主党の基本政策を捨てさせるよう「言い値」をドンドン釣り上げていった。

とうとう民主党はマニフェストに書いていなかった消費税引き上げを「命がけ」で実現させるために、マニフェストに書いてあることのほとんどすべてを、まるで身ぐるみはがされるがごとく失うこととなった。今一度野田氏の三年前の演説を聞いたとき、おそらく皮肉を通り越して滑稽というほかない。

野田氏の言葉を借りれば、彼にはもうマニフェストを語る資格がないし、彼を代表に担ぎ、彼の言う「大義」に殉じる民主党にもマニフェストを語る資格はなくなってしまった。そもそも政党とは、政策を掲げて選挙を戦い、それに勝利して権力を握り、そのうえで政策を実現することを使命とする。ところが、マニフェストを語る資格のなくなった民主党には、選挙を戦う際に政策を掲げる術がない。間違ってももうマニフェストなど作ることはなかろうが、万が一民主党の候補者が政策を訴えても、もはや有権者が本気で取り合うことはないだろう。民主党は野田代表のもとで実に深刻な事態に陥ってしまった。

順調だった「地域主権改革」も風前の灯

もちろん、鳩山由紀夫内閣のもとでも、マニフェストに掲げていた「ガソリン税の暫定税率廃止」を、当時の小沢一郎幹事長の「鶴の一声」で反故にした「前科」があるし、その後も財源のめどが立たないことから、子ども手当などの主要政策の実現が危うくなってはいた。ただ、菅直人内閣の時点では、まだマニフェストをある程度は実現させようとする誠実さと気力は残っていたし、現にその中のいくつかの項目はそれなりに具体化しつつあった。

例えば、「地域主権改革」である。地域のことは地域に住む住民が責任を持って決められるようにする。それを可能にするための改革が「地域主権改革」であり、これを民主党は改革の一丁目一番地だとしていた。その具体的な課題の一つが国庫補助金の一括交付金化である。各省がその使途を厳格に決めて自治体に交付する補助金は、もらう側からすればありがたいのだが、反面使い勝手が悪いし、ムダを生じさせやすい。

そこでこれらの補助金をまとめて自治体に配分し、それをどの事業に充当するかはそれぞれの自治体で決められるようにする。これが補助金の一括交付金化であり、権限を奪われることになる各省の官僚たちは当然のことながら強硬に反対する。しかし菅内閣では、総理はもとより関係閣僚の協力によってその反対を抑え、国庫補助金およそ五〇〇〇億円の一括化を実現させた。国民生活に直接影響を及ぼす事柄ではないので、マスコミなどで華々しく取り上げられることはなかったが、自治体の財政運営の自主性と自由度を大きく向上させる改革がまさしく政治主導のもとに行われていたのである。

また、もう一つの主要課題である国の出先機関改革も、やはり根強い官僚の抵抗を排しつつ、菅内閣のもとでは計画的に進められていた。第一弾として、九州七県と関西広域圏の要望を踏まえ、国土交通省の出先機関である地方整備局、経済産業省の出先機関である経済産業局それに環境省の地方環境事務所をこれら二つの圏域に丸ごと移管する方針を二〇一〇年一二月に閣議決定している。

この方針を具体化するための法案づくりや、国家公務員から地方公務員へ移管するために必要となる実務的な調整が進められてきたのだが、その後野田内閣に代わってからは官僚の巻き返しが顕著になり、法案の閣議決定すらできないままだ。もはや官僚の抵抗を排してまで出先機関改革を進めようとの意欲は政権に感じられない。マニフェストの中では例外的に具体化しつつあった「地域主権改革」も、残念なことに風前の灯である。

説明責任を果たすことのない野田総理

野田総理は「決められる政治」を実践していると評価する向きもある。おそらく総理自身もそう思っているに違いない。たしかに、消費税の引き上げ法案が国会で可決される日も近いし、原発再稼働も強引に決めた。しかし、単にものごとを決めればいいというものではない。民主主義のもとでの政治では、決める内容とともに決めるに至るプロセスも重要だからだ。

消費税引き上げに関していえば、引き上げの当否は別にして、その決め方はまったく失格だ。あれほど「消費税は絶対上げない」と、当時の党首も党の幹部も、それになにより自分自身も断言していたのに、手のひらを返したように、「上げるのが大義」だと言ってはばからない。しかも、自分が過去に言っていたことといま言っていることが百八十度違うことについて、まともな釈明を聞いたことがない。世間ではこういう人のことをウソつきとか厚顔無恥という。政治家だから多少厚顔なところがあってもいいが、真っ赤なウソをついてはいけない。

野田氏はどうしてかくも正反対のことを言うようになったのか。本人が説明しないので推測するしかないが、やはり財務副大臣、続いて財務大臣の職を務める過程において官僚から強い影響を受けたであろうことは容易に想像がつく。官僚から現在の財政状況とその将来見通しについて説明を受け、消費税を引き上げなければ財政が破綻するとの認識を本人も得たのだろう。

官僚の説明によって政治家が考えを変えたり、修正したりすることはあり得ることだし、それを必ずしも否定的に捉えるべきではない。筆者も知事を務めていたときに県庁の職員から、また総務大臣在任中に総務省の官僚から説明を受け、自分の認識を改めた経験は一度や二度ならずある。

ただ、その際注意しておかなければならないことがある。その一つは、役所に限らずどの組織でもいえることだが、上司が判断するに当たって下僚の説明がすべて正しく、必要にして十分だと考えてはならないということである。もちろん官僚が意図的に間違った説明をする例はそれほど多くはない。しかし、官僚たちの説明には総じて彼らの思惑が盛り込まれていて、それを補強するための資料などは懇切に整えられている反面、それに逆らうような資料や情報はさりげなく捨象されていたり、注意を引かないような仕掛けが施されていたりするものだと心得ておくべきである。

要するに、官僚の説明を聞く場合には、そのウラをとり、彼らの説明に出てこない事柄について官僚に頼ることなく把握する努力が欠かせないのである。野田氏は果たしてそうした努力を積んだのだろうか。この間の彼の姿勢を見るかぎりでは、「消費税の引き上げだけが唯一の方策」だとの官僚の説明をあまりにも素直に受け入れたとしか思えない。

もう一つ政治家にとって重要なことがある。それは官僚の説明を機に認識を改めるにしても、それを外に表明する際に自分の過去の言動との間で整合性を保つことができるかどうかの検証を行わなければならないということである。新しい認識とそれまでの言動との間に、ある程度の開きや違いがある場合、それを自分で矛盾なく説得的に説明できるかどうかの検証である。

多少の屁理屈をこねてでも、ある程度辻褄《つじつま》の合った説明ができるかどうか。なんとか説明できるのであれば、そのまま先に進めばいい。もし説明できないのなら、説明できる範囲にとどめておくとか、少し立ち止まって時間をおくとかの工夫が必要となる。これが政治家の説明責任ということである。

逆にいえば、後に説明に窮する事態を招くようなことはしないし、軽はずみなことは言わないということでもある。

鳩山元総理は普天間飛行場の移設について「最低でも県外」と公言していたことが実現できず、結局は自民党時代の方針に戻さざるを得なかった際、率直に「勉強不足」だったことを認めて詫びた。率直ではあったが、発言の軽さが目立つとともに、内外に赤っ恥をかいてしまった。

野田総理も消費税引き上げを持ち出す際、自分の過去の発言について、鳩山元総理のように「勉強不足」を率直に認める選択肢もあっただろう。そうしておけば赤っ恥は避けられなかったにしても、多少の説明責任にはつながり、あるいはその率直さが評価されることで、この先マニフェストを語る資格が多少は残ったかもしれない。

ところが、野田総理は消費税引き上げを主張する根拠として、自公政権時代の平成二一(二〇〇九)年度の税法の改正法附則を持ち出した。その条項に「消費税を含む税制の抜本的な改革を行うため、平成二三(二〇一一)年度までに必要な法制上の措置を講ずるものとする」と書いてある。だからして、「消費税の引き上げ法案を出すことはすでに義務づけられている」というのである。

詳しいことは省くが、そもそも改正法附則とはその改正法の施行期日とか改正前の条項の経過措置などを規定する部分であり、将来の立法を義務づけるような効力などまったくない。ところが野田総理は官僚たちからこの小賢しい知恵を授けられ、その受け売りで国会答弁を繰り返していた。

では、消費税引き上げ法案を提出することが義務づけられているというのなら、自分たちが「消費税は引き上げない」と主張していたこととの矛盾をどう説明するのか。あれは法律違反の主張だったから無効だったとでもいうのだろうか。官僚の説明を鵜呑みにするのではなく自分の頭で考えてみれば、すぐにその矛盾に気がつくと思うのだが。ともあれ、姑息な言い訳をすればするほど、説明責任から遠ざかると知るべきである。

「官僚排除内閣」から「官僚主導内閣」へ

民主党のマニフェストについていえば、先にふれた民主・自民・公明三党の合意の過程で年金などの基本政策を封印してしまったことに対し、強い懸念と批判が寄せられていた。善し悪しは別にして、党のアイデンティティにかかわる事柄をいとも簡単に捨ててしまうのは早計に失するのではないか、との批判は当たっていよう。また、これは三党合意とは直接関係ないが、「地域主権改革」がお蔵入りになるとしたら、筆者にとっても全国の自治体にとっても残念だし、情けない。

ただ、それ以上に情けないと思うのは、せっかくの「官僚主導から政治主導へ」が野田政権のもとで葬りさられてしまったことである。政治主導などどこ吹く風で、ものの見事に官僚主導内閣になってしまった。官僚たちがやりたいことについては内閣をあげて一生懸命取り組もうとし、しかし、官僚たちがやりたくないことは内閣もそっと控える。これが傍から見た野田政権の印象である。まず前者としては消費税引き上げや原発再稼働、ＴＰＰ参加、などその例に事欠かない。いずれも民主党が年来主張してきた政策ではないし、党内の新たな議論の中から出てきた考えでもない。

もちろん、官僚たちがやりたいことを政治が取り上げるのはいけないことだ、と言っているわけではない。国民にとって必要なことを官僚が提言することは大いにある。しかし、総理をはじめとする政治家がまず官僚の言うことを聞き、そこで内々結論を出し、それをそのまま国民に押しつけようとするこのところのやり口は、もともとの民主党らしいやり方ではないし、民主主義国家の政策決定プロセスからもほど遠い。

官僚はどうしても民意に疎く、それをそのまま政治が受け入れたのでは民意との間にズレが生じてしまう。このことは日頃国民と接する機会の多い政治家なら多かれ少なかれ肌身に感じているはずだ。国民に不安を与える政策の決定をするのであれば、その不安を解消するために、政治家は国民の声に真摯に耳を傾け、官僚たちの考えを修正し、彼らをリードしなければならない。それが政治家の役割なのだが、最近の原発再稼働反対デモやオスプレイ配備反対の訴えを黙殺するような対応を見ると、野田政権にはこの政治家の大切な機能が麻痺しているとしか思えない。これでは、政治家も民意に疎い点では官僚となんら変わるところがない。

次に、後者の官僚がやりたくないことの例としては、国の出先機関の地方移管や国税及び社会保険料の徴収機関一元化などが報じられているが、ここでは情報公開法の改正が頓挫していることも紹介しておきたい。改正の衝に当たる事務局を務める官僚は熱心に取り組んできたのだが、他の官庁の官僚たちは公開度合いを高める改正にはもとより後ろ向きである。菅内閣のもとで、これも政治主導により法案を取りまとめ、すでに国会に提出しているにもかかわらず、野田内閣になってからは宙に浮いたままとなっている。

本来政治主導とは、民意を受けた政治が官僚機構にミッションを注入し、その指導のもとにミッションを誠実に執行させることなのだが、民主党は政権交代直後からその意味を取り違えていた。鳩山内閣のもとでは、各省に送り込まれた政務三役がともすると官僚を排除し、自分たちだけで政策を決定しようとするありさまが伝えられていた。そもそも官僚は排除すべき対象ではなく部下である。その部下を使わないでまともな仕事ができると思ったら大間違いだ。新しく就任した社長が、従業員を排除し、役員だけで仕事をしている会社が存続し得るかどうか。多少の想像力があれば、官僚排除の愚に気がつかないわけがない。

羹《あつもの》に懲りて膾《なます》を吹いたのかどうか、野田政権になるとまるでさかさまである。今度は政治家が官僚からミッションを与えられ、それを必死で実現しようとしている政治家のけなげな姿が印象的だ。もはや「官僚主導から政治主導へ」など死語に近く、総理を上回る実力を持つ官僚の存在が週刊誌で堂々と報じられる始末である。彼我の力量の差と言ってしまえば身も蓋もないが、その結果が、官僚のやりたいことは一生懸命やるものの、官僚の嫌がることはやらない内閣になり果ててしまったのでは、あまりにも情けない。

選挙時の約束はとっくに忘れてしまったのかもしれないが、民主党にはせめてわが国が官僚主権の国ではなく、国民主権の国であることだけは、なんとか思い出してもらうよう願っている。

「政治主導」はなぜ挫折したか

（二〇一二・一〇）

二〇〇九年夏の総選挙の際に民主党が訴えた「官僚主導から政治主導へ」は実に的確であり、多くの国民がそれに期待を寄せた。しかし、民主党はその「政治主導」にものの見事に失敗した。野田佳彦総理に至っては率先してこれを放棄し、「官僚主導」に身を委ねてしまったかのようだ。

民主党はなにゆえに政治主導に失敗したのか。これを検証しておくことは、民主党のみならず現在の野党にとっても必要なことだろう。ここでは菅直人内閣の一員として政権与党に接してきた筆者の体験をもまじえ、民主党が政治主導を実現することができなかった原因ないし背景を整理しておきたい。

閣僚は素人では務まらない

筆者が総務大臣として入閣した際のことである。新閣僚の多くは、組閣の日の大臣就任記者会見やその後のテレビの政治討論番組出演のために随分苦労しておられた。所管事項について的確に対応するには猛勉強が必要だからだ。しかし、にわか仕込みの勉強で用が足りるとは思えないし、生兵法は大怪我のもとともいう。何より問題なのは、閣僚が官僚たちによって手とり足とり教え込まれることである。

本来政治主導にとって大切なことは、国民の代表である政治家が官僚たちにミッションを与え、それを実行させるところにある。ところが、現実は多くの閣僚が記者会見に先立ち官僚たちから役所の課題を注入され、それを暗記させられている。それが真に国民のためになるのかどうか、政権与党の方針に沿っているのかどうか、じっくり吟味するだけの時間的余裕も基礎知識も持ち合わせないままに、である。

自公政権時代も事情は似たり寄ったりだった。しかし、それを反面教師として政治主導を唱えて政権交代を果たしたからには、民主党は閣僚人事に細心の注意を払う必要があった。その注意とは、党内グループ間のバランスなどではなく、役所を導くだけの力量がある人材を閣僚に起用できるかどうかという点に向けられなければならなかった。

野党時代の「次の内閣」を活用して、人材を養成ないし確保しておくこともできたはずだ。「次の内閣」の閣僚として、該当の省に関係する政策について批判的な視点をも持ちつつ把握しておく。その知見を携えて政権交代後の内閣を形成すれば、政権の引き継ぎと政策転換がスムーズに行える。

ところが、民主党は政権をとった段階でこれを役立てようとはしなかった。「次の内閣」の閣僚人事がいい加減だったのか、その閣僚たちが研鑽をつまなかったのか、それとも政権交代を果たしたら人事に別の圧力が加わったのか、本物の閣僚を決めるに当たり「次の内閣」の閣僚たちはほとんど無視されていた。かくして、閣僚の中には、失礼ながらその分野には素人で、官僚機構の内部事情にも疎い人が目立っていた。これでは官僚たちを指導するには非力に過ぎる。民主党は政権交代直後からすでに政治主導に躓《つまず》いていた。

政治任用を柔軟に行える仕組みの導入を

政治主導を果たすうえで重要なのが閣僚を支える体制である。省内では副大臣及び大臣政務官が政治任用され、ともに大臣を補佐するのだが、大臣を含めてわずか数人の政務三役では、その数は少なすぎる。あわせて、省内組織の人事を行ううえでも別途の制約があり、政治主導は思うに任せない。

まず政務三役である。大臣をはじめとする政務三役は超多忙である。特に国会開会中は、政府側の答弁が原則として政務三役に限られていることもあって、拘束時間が頗《すこぶ》る長い。省内には、政務三役が掌握し、官僚たちに方向を示さなければならない案件が山ほどあるのに、それらを丁寧に点検する時間を見つけるのは容易ではない。

それならば、必要に応じて副大臣や政務官の数を増やして任命すればよさそうなものだが、それはできない。副大臣及び政務官の定数が国家行政組織法に定められており、勝手にその数を増減できないからだ。

本来、副大臣及び政務官以外の省内の職にも政治任用による人事があっていい。代々官僚が就いていた外局の長や局長ポストに、その分野に精通した政治家を充てることができれば、官僚人事システムの惰性を排することにもつながるからだ。ところが、国会法によりこれも基本的には禁止されている。国会議員が就くことができる政府内の役職は副大臣、政務官、総理補佐官などに限定されているからだ。

ちなみに、筆者が総務大臣兼地域主権推進担当大臣を務めていたときには、一計を案じて総務大臣政務官のうちの一人に地域主権戦略室長を兼務してもらっていた。この室長ポストは地域主権改革を進める組織における事務方の統括で、従来のしきたりだと官僚が就くのが順当だが、それだとそもそも官僚の権限を縮小させることになる地域主権改革は先行しないおそれが強いので、あえて政治家を充てたのである。地方自治に明るく、組織を束ねる経験も積んだ有能な国会議員のおかげで、国庫補助金一括交付金化などの難題を政治主導で大きく進めることができた事実はもっと認識されていい。

ただ、これは「兼務」を便法として活用したからできたことで、一般的にこの類の人事が行えるわけではない。そこで、国会法の該当の規定を含め、政治主導を実践する際の足枷となる現行法制を民主党は政権交代直後の段階で速やかに手直ししておくべきだった。衆議院も参議院も与党が多数を占めていた当時であれば、手直しは比較的容易だっただろう。それをしないで、ただ手をこまねいている間に参議院の多数を失ってしまったことは民主党の第二の躓きである。

せめて霞が関改革ぐらいは党内の意思統一を

民主党政権に加わってみて、いささか驚かされたことがある。重要な政策が党内でも閣僚の間でも必ずしも共有されていなかったことだ。最初の閣僚勉強会でのことである。勉強会のテーマの多くはマニフェストに記述されている事項だったから、民主党所属の閣僚は「自家薬籠中の物」とはいかないまでも、その内容や意義について共通の認識を持ち、了解に達しているものと予想していた。

ところが、現実は違っていた。例えば、国庫補助金一括交付金化や国の地方出先機関の地方移管などの地域主権改革を積極的に進めなければならないと自覚していた閣僚は、その時点では数えるほどしかいなかった。担当大臣である筆者がその趣旨及び内容を懇篤《こんとく》に説明し、説得して多少その気になってくれたかという程度の印象だった。党の外から入り込んだ者が、政権与党のお歴々にマニフェストの実現を促すのも珍妙なことだと苦笑させられたものだ。

珍妙な現象にはその後もしばしば出くわした。例えば、国の地方出先機関改革を具体化させる段階になると、関係省の副大臣や政務官が猛烈に反対するのである。官僚たちから吹き込まれた屁理屈をひたすら言い募るのである。そのたびに、「この改革は党のマニフェストで国民に約束したことで、これを政治主導で実現させるのがみなさんの役割のはず」とたしなめるのだが、マニフェストなど自分には関係ないとでも言わんばかりの口吻《くちぶり》だった。

そんな中でも、国庫補助金改革はまずまずの成果を出せたし、地方出先機関改革も菅内閣のもとで前進させていた。その際足を引っ張っていた各省の政務三役が改革を実現させる方向で省内を取りまとめてくれていれば、霞が関改革は民主党政権のもとで目覚ましく進んでいたに違いない。

せっかくの改革プランが身内の政治家によって共有されておらず、その空隙をついて官僚たちが彼らの論理を政治家に注入する。改革は力を失い、野田内閣のもとではとうとうフェイドアウトしかかっている。そもそも霞が関改革の必要性ぐらいは党内で共有しておくべきだった。与党の国会議員が官僚とつるんで改革を骨抜きにするようでは政治主導など望むべくもないからだ。これも民主党の躓きの原因と背景である。

地味だが大切な「政治主導」の基礎づくり

（二〇一二・一一）

とかく「政治主導」というと、何やら大がかりな作業をイメージする。たしかに、主要政策をまとめるに当たって官僚任せにしないで閣僚たちが議論して決めるとか、閣僚が自らの考えと言葉で答弁するなどは骨の折れる作業ではある。

もとより、「政治主導」を標榜する政党が政権の座に就いたのであれば、骨の折れる作業も厭《いと》わない人材を内閣には揃えていなければならないのに、現実には必ずしもそうなっていなかった事情はすでに取り上げた。

ここでは、こうした「政治主導」の空洞化ではなく、筆者が総務大臣時代に実践した地味だがとても重要な改革事例を取り上げてみたい。「政治主導」を実現するには、実はこうした地道な取り組みが欠かせないからである。

情報公開を徹底させる

とかく役所は隠蔽体質で、情報公開には総じて不熱心だと考えて間違いはない。すでに国には情報公開法が制定されており、国民からの情報公開請求に対しては、法律上開示できないものを除いてすべて公開しなければならないとされている。この事情は自治体においても同じである。では、この原則に従って、国も自治体も国民の知る権利を最大限尊重しているかといえば、決してそうではない。

筆者は鳥取県知事就任と同時に県庁の情報公開の実態を点検したところ、たしかに公開はしているものの、黒く塗りつぶされた部分があまりにも多いという実態が明らかになった。塗りつぶされた部分は、情報公開条例で「不開示」が認められている条項に該当しないものも多く、「役所にとって都合が悪いから」という法的根拠のない理由で隠していた様子もうかがわれた。

その当時、鳥取県庁では情報公開請求案件については知事まで上がらず、すべて担当部長の段階で処理されていた。お役人が公開したくない文書や情報は、彼ら自身の判断で公開しないことを決められる仕組みにしてあったのである。

筆者は早速に情報公開の仕組みを変えることとした。情報公開に当たって一字でも消す部分がある案件は知事決裁とし、すべて公開対象とする案件は従来どおり担当部長限りで処理してよいとしたのである。それだと決裁が次々と上がってきてほかの仕事に手がつけられませんよなどと心配してくれる職員もいたが、結果は案ずるより産むが易し。知事まで上がってくる案件はごくわずかしかなかった。

そもそもお役人たちが情報公開に後ろ向きなのは、厄介なことを避けたいという習性があるからだ。役所に都合の悪い情報を公開することによって、厄介な事態が起きる可能性は十分ある。ただ、新しい仕組みのもとでは一カ所でも不開示にしようと思えば、知事に説明して了解をとらなければならない。さてそのいずれがより厄介かと考えると、やはり知事に説明するほうが厄介だから、それならすべて開示してしまえということのようだった。たったこれだけのことで、鳥取県庁の情報公開は一気に進むこととなった。

総務省の情報公開もかつての鳥取県庁と似たり寄ったりの事情があったので、大臣就任後ただちに情報公開の仕組みを改善することとした。幹部会議でそのことを職員に伝えると、多少億劫な表情を見せてはいたが、それでも素直に検討に着手してくれた。しばらく後に持ってきた改善案は、一カ所でも不開示部分がある案件は大臣をはじめとする政務三役まで上げるという鳥取県方式と同じものだった。

情報公開を徹底することの意義が国民の知る権利を保障することにあるのはもちろんだが、その効用はそれにとどまらない。役所で日常行われている仕事の内容やその過程が国民やマスコミの求めに応じて後日公開されるという前提があると、官僚たちはその時のことを念頭において、不公正やムダを避けコンプライアンスを尊重しておこうという気持ちをそれなりに抱くものである。大臣にとって役所の情報公開とは、職員たちの規律づけに有効な仕組みでもある。

決裁規定の見直しも必要

情報公開に限らず、役所の権限を行使する際、誰が最終的に判断するかを決めているのが各省の決裁規定である。そこでは重要案件は大臣をはじめとする政務三役を決裁権者とし、さほど重要でない案件は局長が、もっと重要度の低い案件は担当課長がそれぞれ決裁するとしているのを通例とする。

ところが、眼光紙背に徹してよく見ると、必ずしもそうなっていない。大臣決裁とされている案件は一見重要そうだが、実は形式的な案件であって大臣自身が判断する余地はほとんどない代物が多い。逆に役所にとって実質的に重要な案件は次官ないし局長を最終決裁権者としている場合が多いのである。

総務省の決裁規定も多分にそうした特徴を携えていた。そこで見直しを指示したのだが、役所内で強い抵抗感があったらしく、なかなか検討は進まなかった。しかし、再三再四しつこく官僚たちに指示したことによってほぼ思いどおりの改正をすることができた。

決裁権の見直しは、役所を正常化するための強力な武器となり得る。最終決裁権者が大臣になると、官僚たちが決めたい内容について大臣をはじめとする政務三役に説明し、その了解を得なければならなくなるからだ。ボーッとした政務三役だと事態は何も変わらないだろうが、見識のある政治家が就いていれば、官僚たちの歪んだ思惑や役所の論理を正すには有効な機会となる。

筆者はこうした情報公開制度の改善や決裁規定の見直しなど総務省での実践例を閣僚懇談会の場で紹介し、各省でも取り組むよう勧奨した。ただ、閣僚たちはその場では賛同するものの、それらを実践した役所は一つもなかった。閣僚が改善案を役所に持ち帰って指示しても、結局は官僚たちのサボタージュで終わったのだろう。大臣がしつこく迫れば、官僚たちも重い腰を上げるのだが、そこまでの熱意とこだわりがなかったのは誠に残念である。

閣僚はこだわりとしつこさを持つべし

大臣たちは自分がやってきたことにもこだわりを持ってほしい。そのために大事なのが大臣事務引継書である。大臣をはじめとする政務三役は、その在任中に役所の業務やしきたりについて多少なりとも是正し、改良を加えているはずだ。その中には世間では非常識な「お役所の常識」を変えさせたものもあるだろう。それらも、放っておくと大臣交代とともに元の木阿弥となってしまう。官僚たちの意に沿わない改善など、それを導入した大臣がいなくなると、そっと元に戻してしまうからだ。それを防ぐのが大臣事務引継書である。

これまでどこの役所でも、大臣が交代するときの引継書は官僚が作成し、大臣はサインをするだけで中身を確認することはない。その結果、引継書には官僚たちが新大臣に取り組んでほしいことのみが書かれ、自分たちが嫌な事項は省かれる。これでは、せっかくの改良が引き継がれることはない。

そこで、総務省では内閣交代が予見できる頃から、政務三役が中心となり大臣事務引継書の作成に取りかかった。そこには在任中に「政治主導」で決めた政策や方針、具体的な改革や改善などを盛り込むこととし、作成過程では官僚たちとできるだけ認識を共有するよう努めてもいた。引継書を新大臣に説明するのはもっぱらその官僚たちだからだ。

このことを閣僚懇談会の場で披露したところ、各省でも政務三役主導で引継書を作成しようということになり、それぞれの引継書を官邸に提出するよう指示が出された。ところが、後日聞いたところによると、官邸に提出されたのは総務省の引継書だけで、他の役所は結局従前どおりの形式的なものしか作らなかった由。情報公開にしても引継書にしても、政治家にこだわりとしつこさがなければ「政治主導」など一向に進まないことに気づくべきである。

粉飾予算と財政の民主統制

（二〇一二・一二）

二〇一二年八月、民主党代表の野田佳彦総理、谷垣禎一自由民主党総裁及び山口那津男公明党代表による党首会談が行われ、その席上、野田総理は、消費税増税を含む「社会保障と税の一体改革」関連法案が成立した後、「近いうち国民の信を問う」旨発言したという。これを機に、それこそ「近いうち」に衆議院の解散総選挙があるとの観測が広がるとともに、自民党や公明党からはその履行を求める声が強まっている。さて、今後の行方はどうか。

それはともあれ、現在のわが国には国権の最高機関である国会で議論し、処理しておかなければならない事柄がいくつかある。「近いうち解散」をめぐって、自民・公明両党には言い分があるし、いざとなったら実際に解散することもあるにせよ、解散の前にやっておくべきことがあることだけは与野党の国会議員にわきまえておいてもらいたい。

特例公債法と赤字国債

その一つが特例公債法案である。財政に関する基礎知識のおさらいになるが、予算は歳入予算と歳出予算からできていて、両者はバランスがとれていなければならない。歳出予算を執行するには財源が必要で、それを見込むのが歳入予算である。見込みとはいうものの、確実に調達できる財源でなければならない。

歳出のうち、例えば道路整備のように後年度に受益が及ぶ事業に充てられる経費は、五年後、一〇年後の住民にも負担を求めることが理にかなうことから、当面その財源を国債により調達することが認められている。これが建設国債である。

一方、公務員給与や国会議員の歳費、施設の運営費などは、各年度の行政サービスに対応する経費であり、必ずしも後年度までその受益が及ぶものではない。そこで、これらの経費は各年度の税で賄うのを原則とし、国債でその財源を調達することは本来認められていない。

景気の変動により税収が落ち込むなど一時的に歳出と歳入のバランスが崩れ、不足分を借金に頼らざるを得なくなることはあるが、その場合には法律による特別の手当が必要となる。これが特例公債法で、それが成立すれば予算で承認された範囲内で国債の発行が認められる。これが赤字国債である。わが国は一九九四年度以来継続して特例法を制定することで赤字国債を発行し、現在に至っている。国会が今年(二〇一二年)度もこの特例を認めるかどうか、これが現下の焦点である。

赤字国債も歳入予算の一部であるから、予算が成立する段階ではこれに結論を出しておかなければならない。従来は予算と一体あるいは予算と関連する法案は、予算成立前に決着をつけていた。ところが、今年度の予算は赤字国債発行を前提にして成立しているのに、特例公債法案は二〇一二年九月の国会閉会とともに廃案になってしまった。赤字国債の発行は認められなかったのである。

国の現状は夕張市と同じ

結局、今年度の予算は歳入と歳出が形式上バランスをとっているものの、実際には歳入に大幅な穴があいている。歳入予算には確実に見込める収入を計上しなければならないのに、当てのない赤字国債を三八兆円も組み込んでいるのだから、粉飾予算だと言われても仕方あるまい。

本年(二〇一二年)四月、与野党とも粉飾を承知のうえで予算をスタートさせた。向こう見ずなことに、政府は九月まで平然と歳出予算を執行している。その後執行抑制に取りかかったが、法的にはほとんど意味がない。例えば、一部執行を留保している地方交付税も、いずれはその全額を交付しなければならない。満額交付を受けられない自治体が訴訟を提起した場合、国が敗訴することは確実だからである。

国の現状は、財政破綻した北海道夕張市のケースとよく似ている。夕張市の予算も表面上は歳入予算と歳出予算との間でバランスがとれていたが、その実歳入予算には当てのない巨額の「諸収入」を計上していた。粉飾していたのである。かたや今年度の国の予算にも目下当てのない巨額の赤字国債が組み込まれている。

こんな事態に陥るのを避けるため、先人たちは先の原則に従い、予算と一体として処理すべき議案は予算と同時に決着をつけていた。先人に比べて現在の国会議員たちはあまりに無定見で、その場しのぎではないか。

過日野党の国会議員にそのことを話したところ、では三八兆円もの巨額の赤字国債の発行をそのまま認めろというのかと反論された。それだと民主党の放漫財政を止めることができないではないか、というのである。

そうではない。いったいいくらまでなら赤字国債を容認するのか、野党はこの点をこそ議論すべきだった。自公政権のときから三〇兆円を超える赤字国債を発行していたのだから、野党もまさかゼロだとは言えまい。では、麻生政権のときと同じ三四兆円ならいいのか、それとも三六兆円までだったら許容するのか。具体的な論争を挑むべきではなかったか。

他方、与党も特例公債法案に関してはもっと謙虚に臨むべきだった。法案が成立していないのに、歳出だけは予算どおり執行していると、早晩資金繰りがつかなくなって立ち往生することは目に見えている。与党は、特例公債法を認めない野党が悪いと批判しているが、形式的なことをいえば、赤字国債の発行を認めないとするのが現時点での国会の意思なのだから、それが発行できることを前提にして呑気に予算を執行してきた政府に非があるのは間違いない。

国会は財政の民主統制に力を入れよ

とうとう政府は足もとに火がついてしまった。こんなことにならないためにも、与党は今春の予算審議の段階で野党と何らかの妥協をしておくべきだった。妥協の結果、仮に赤字国債の発行額を一兆円減らすことになり、それに代わる他の財源が見つからなければ、歳出も同額削減しなければならない。当然ムダを省くのだが、それこそが予算の民主統制である。それは衆参両院予算委員会の本来の役割でもある。

以上は本年三月末までにやり終えておくべきことだった。遅きに失した感無きにしも非ずだが、今からでも気を取り直して、ぜひこの臨時国会の場で、今年度の赤字国債発行限度額をいくらにすべきか、真剣に議論してもらいたい。

そのうえで、もはや年度も半分以上経過してしまった今日では歳出削減を可能とする範囲も自ずと限られようが、できるだけムダな予算を排除してもらいたい。先に報じられた復興予算の乱脈ぶりを見ればわかるとおり、財務省の査定などあってなきがごとくである。一事が万事、一般会計予算にもいい加減な事業がたくさん含まれているはずだから、この機会をとらえて国会の場であらためて厳しくチェックしてもらいたい。

もし、赤字国債発行限度額及び歳出削減をめぐって与野党が激しく対立し、それで収拾がつかなくなったなら、そのときこそそれを争点にして解散すればいい。おそらく実際には一兆円程度の予算規模をめぐって激しく対立するとも思えないが、与野党が談合して解散を決めるより、このほうがよほど筋が通っている。もちろん、その際には例の一票の格差問題を解消していることが前提になるのだが。

他に付け加えておくことがある。野党は「解散の約束」があれば特例公債法をそのまま通すなどと言っているらしいが、勘違いも甚だしい。衆議院の解散と赤字国債の発行とは交換できるものではないからだ。また、「解散の約束」がないなら審議すらしないというのも児戯に等しい。解散があろうとなかろうと、赤字国債の発行限度額は財政の民主統制と財政破綻防止の観点から常に検討されるべき課題である。

「解散の約束」さえしてくれたら赤字国債の大量発行も認めるし、それによって財政破綻に拍車がかかっても意に介さない。逆に、野田首相が谷垣前自民党総裁との約束(本当に約束したかどうか、国民は知る由もないのだが)を履行しないのなら、特例公債法は認めず、その結果、自治体に地方交付税を交付できなくても、国立大学の運営に支障を来たしても知ったことではない。こんな国民への背信や八つ当たりが通用するはずがないことぐらい子どもにもわかることだ。与野党ともももっとまじめに粉飾予算の修復に当たってもらいたい。

時ならぬ解散総選挙の功罪

（二〇一三・一）

「近いうち解散」をめぐり与野党の間でつまらないやりとりが続いていると思っていたら、あっという間に衆議院は解散され、慌ただしく選挙戦に突入することとなった。

マスコミは総じてこの解散を肯定的に受け止めていたが、本当にそれでよかったのだろうか。解散とは憲法上衆議院議員に保障された任期を中途で断ち切る行為にほかならず、よほどのことがなければ行われるべきではない。また、解散によりいまやっておかなければならない重要な事柄が頓挫したり、雲散霧消したりもする。

果たして、この時期の解散と総選挙は妥当か、解散総選挙で失われるものはないか、いま一度冷静に考えてみたい。

解散事由なき解散

まず解散の理由である。憲法が明記している衆議院の解散事由は、内閣に対する不信任の議決ないし信任決議案の否決（憲法第六九条）である。これに加えて、司法は憲法第七条に規定する天皇の国事行為（内閣の助言と承認により、国民のために行う国事に関する行為）としての解散を認めている。ただ、これも憲法第六九条の趣旨からして、不信任決議には至らずとも、与野党の間でそれに類する政治的対立があり、国民の判断を仰ぐのを適当とする事態が生じた場合に限られるべきである。

では、政権与党である民主党と最大野党である自民党との間にそれほどの険しい対立が存在するか。本来国民にとって最大の争点であるべき消費税引き上げについては早々と合意している。衆議院の「一票の格差」についても落ち着くべきところに落ち着いた。とりあえず「〇増五減」を仕上げ、定数削減は別途話し合って処理するという。

赤字国債発行の根拠となる特例公債法案をめぐり激しく対立してきたが、皮肉なことに野田総理が具体的な解散日時を明らかにした後はスムーズな話し合いが行われ、むこう三年間政争の具にしないとの約束ができた。もともとこの法案は解散とは関係なく、年度が始まるまでに決着しておくべきで、やっとそれができただけのことなのだが。

これ以外に、野田総理が解散を明言した時点において大きな対立点は見出せなかった。あるとすれば、「近いうち」の解散をめぐるせめぎ合いだけだった。しかし、これは国民の判断を仰ぐ事由にはなり得ない。いったん解散すれば、解散すべきかどうかの対立はその段階で消えてしまうからである。百歩譲って自民・公明両党が解散総選挙を迫る論拠があったとすれば、それは消費税引き上げ法案を処理する前の時点においてであった。そもそも民主党は「消費税を引き上げない」と公言して二〇〇九年の総選挙を戦い、消費税引き上げやむなしとする自民党を打ち負かした。しかるに、野田政権になったら手のひらを返したように「消費税引き上げは大義」だなどと言い出すのは有権者をペテンにかけるようなものだ。

民主党が消費税を引き上げるというのなら、その前にいま一度国民の信を問うべきである。そのうえで民主党が勝利したならば、堂々と消費税を引き上げればいい。仮に自民党がこう主張していたら、それは実に筋の通った話で、多くの国民の共感を呼んだはずだ。

その当時自民党の何人かの国会議員と会った際にこのことを話題にしたところ、答えは総じて「国民の嫌がる消費税引き上げをせっかく民主党がやりたいと言っているのだから、やらせたらいい。自分たちに政権が戻ってきたとき苦労しなくてすむのだから」だった。いかにも姑息である。まっとうな時に解散を迫ることなく、ことが終わり、自党に有利だとの世論調査結果に小躍りし、声高に解散を言い募る姿は、あざとく醜い。

それはともあれ、いまからでも遅くないから消費税引き上げの是非を国民に問うべきではないかという論には一理ある。ただ、いずれ八カ月もすれば衆議院の任期が訪れ、泣いても笑っても国民の審判を受けるのだから、いま解散しようとすまいとそれこそ五十歩百歩である。それよりも、あれやこれや内外に難題を抱えたこの時期に解散することでもたらされる弊害のほうがより大きいと、筆者には思えてならない。

この時期の解散で失うもの

例えば拉致問題である。衆議院が解散された二〇一二年一一月一六日、折しもモンゴルのウランバートルでは日朝の外務省局長級による政府間協議が行われていた。拉致被害者家族の方々は動き出した日朝協議に大きな期待を寄せていただろうに、結局は「できるだけ早期に次期協議を行う」と合意しただけで終わった。政権がこの先どうなるかわからないときに、腰の据わった外交交渉に至らないことは容易に想像がつく。野党との駆け引きに明け暮れていた野田総理には、解散で拉致問題の解決がまた遠のくことなど念頭になかったに違いない。

いま海上保安庁が悲鳴をあげている。尖閣諸島周辺海域における中国公船の示威行為が常態化しているなかで、海上保安庁は全国から巡視船などを集めて警備しているものの、今後きちんと対応するには現有勢力だけでは難しい。海上保安庁長官が記者会見でその窮状を訴えていた。

一日も早く十分な人的、物的施設を確保することが求められ、そのためには補正予算を成立させ直ちに準備に着手しなければならない。与党も野党も口を揃えて「毅然として」と主張するが、毅然とするには竹槍と精神力だけではだめで、その裏付けが必要となる。ならば解散などより早期補正予算のほうが大事だったのではないか。この種の予算や人員は当初予算で対応すると財政当局は言うのだろうが、それでは遅すぎる。予算編成における官僚主導の惰性を排し、迅速に対応するのが具体的な政治主導であるはずだ。

東日本大震災の復興がうまく進んでいない。先日もある自治体の首長と会った際、しこたま政府への不満を聞かされた。被災地の復興予算のうちかなりの額を国に返還させられるのだという。二〇一一年度の補正予算により執行中の事業が二〇一二年度内に完成しない場合には、二〇一三年度に繰越しが認められず、途中でやめにしてでも残額を国に返すことになるのだそうだ。

年度をまたがってずるずると予算執行を引き延ばすのを抑止するのは、平時の財政運営においては必要なことだ。しかし、一〇〇〇年に一度とも言われる大災害の復興事業が平時と同じペースではかどるはずがない。しかも、二〇一一年度の本格復興予算は一一月にやっとできあがった。雪の舞い散る季節になって準備に取りかかるのだから、その年度内にはほとんど仕事は進まない。そんな事情も考慮せず、頑なに平時のルールを強いる政府はあまりにも能天気だと、被災自治体の首長ならずともあきれてしまう。

すでに被災自治体は、必要な法律改正をするよう政府や国会に要請しているのに、そんなことはお構いなしに衆議院は解散されて機能しない。特例公債法案などをたった二日で仕上げた与野党が、どうして被災地の困難を解決するためのちょっとした法改正すらしてあげられなかったのか。

「復興予算使い回し」の解明はどうなったのか。被災地の復興のためならばと国民が同意した増税が、復興と関係のない地域と事業につぎ込まれている。まことに恥ずかしい話だが、筆者がかつて知事を務めていた鳥取県でも、まんがイベントの賑やかしの経費に復興予算を充てたと報じられている。使い回しはなぜまかり通ったのか。政権与党はそのことを容認していたのか。それとも官僚たちの勝手な振る舞いだったのか。それを国民の前に明らかにし、病理を正すのが国会の役割であるのに、解散とともにうやむやになってしまった。むしろ復興予算の恥部を隠すためにそそくさと解散したのではないかと、勘ぐりたくもなる。あれこれ考えると、この時期に解散などすべきではなかったというほかない。

民主党の大敗とその教訓

（二〇一三・二）

二〇一二年一二月の総選挙で与党民主党はあまりにもひどい負け方をした。民主党の劣勢はかねて報じられていたが、それにしてもひどすぎる。落選したある閣僚経験者は、「三年前の選挙とはまるっきり違い、冷たい逆風が吹き荒れていた。個人の力では為すすべもなく、諦めるほかなかった」と敗戦の弁をしみじみと話してくれた。

選挙期間中、街頭で握手を拒まれ、ビラすら受け取ってもらえなかったと嘆く前職もいた。おそらく他の多くの民主党候補者も似たりよったりの経験をしたものと思われる。まさしく二〇〇九年の政権交代選挙のときとは様変わりだ。あえて解散を断行した野田総理をはじめ民主党の幹部の人たちも、ここまで惨敗するとは予想していなかっただろう。

どうしてこんなことになったのか。その原因の一端を探り、そこから今後のわが国の政治の教訓を汲み取っておきたい。

嘘をついてはいけない

民主党を見ていて以前から危惧していたことがある。それは公約違反に対する無邪気さと鈍感さである。民主党政権は二〇〇九年の政権交代選挙の際、消費税は絶対上げないと公言して選挙を戦い、大勝した。しかるに、野田政権になってからは、最低保障年金制度の導入などマニフェストで有権者に約束していたことを反故にしてまで消費税引き上げに邁進した。どう見ても嘘つきでしかない。世の中では、よほどの悪人でないかぎり、嘘をつくときにも作法がある。どうして約束が守れなくなったのか、その理由を言い募るものだし、これだけ努力したけれど結果として約束が守れなかったと縷々言い訳をするのが一般的だ。

しかし、野田総理はそうではなかった。消費税引き上げは大義だと言い放ったのである。わが国の財政を持続可能にするためには消費税引き上げがどうしても必要だというのである。それはそうかもしれないが、でも先の選挙の際の民主党の約束とは正反対のことではないか。それを一切詫びも釈明もないまま「大義だ」などと言うのは、いくらなんでも能天気すぎる。

この能天気は野田総理だけではなかった。筆者は野田政権発足後間もない頃、あるテレビ番組で現職閣僚の一人と一緒に出演する機会があった。その中でその大臣が消費税引き上げの必要性を無邪気に説くのが気になったので、「それを自民党の財務大臣が言うのならともかく、民主党政権があっけらかんと唱えることには多くの国民が違和感を持つのではないか」とたしなめておいた。

これに対し多少の言い訳めいたことも聞かされるのかと思いきや、「片山さん、もうそんな議論は終わっていますよ」といとも簡単に片づけられてしまったのにはいささか驚かされた。民主党の代表選において、野田総理は消費税増税についても言及したうえで代表に選出されたのだから、そのことは承認されたはずだという趣旨のことを付け加えていた。

たしかに、野田総理は代表選で消費税増税を民主党政権の重要課題として位置づけていた。しかし、それはあくまでも民主党内の国会議員団の議論であって、党外の有権者には関係のないことである。たとえ消費税増税を主張する候補が代表に選出されたからといって、それで有権者・国民に公約違反の方針を受け入れてもらったということには毛頭ならないことぐらいわかりそうなものだが、この閣僚にはそれがよくわかっていなかったようだ。消費税引き上げをめぐる公約違反問題については、代表選を終えたことで禊《みそぎ》も終わったと、勝手に解釈しているのだった。

閣僚経験のある実力者は別のテレビ番組の中で、他の出演者からやはり公約違反を指摘されたところ、「だったら、どうやってこの財政危機を乗り越えることができるのか、教えてもらいたい。もし消費税を引き上げなくても財政運営が可能だと考えているとしたら、それは素人だ」などと見下すような態度を示していた。少し気弱そうなその出演者は二の句が継げず引き下がっていたが、その番組を見ていた多くの人が受けた印象は、おそらく民主党の能天気さと傲慢さだったに違いない。

民主党は重大な公約違反に対しあまりにも鈍感になっていた。大手新聞の社説が総じて消費税引き上げを主張していたことも、それを助長したのだろう。新聞は連日のように消費税引き上げの必要性を説き、野田総理や民主党に「決められる政治」を迫っていたからだ。公約違反を不問に付して増税を慫慂《しょうよう》した新聞も、それを拠り所にしてこの公約違反は大したことではないとたかをくくった民主党も、両者とも良識が麻痺していたとしか思えない。

わかりきっていることだが、嘘をつくことはいけないことだ。人に嘘をつくよう仕向けることもしてはならない。一般社会でそうであるのと同じく、政治の世界でもはやりいけないことである。政党は選挙で支持を調達するために政策を掲げる。選挙で勝利して権力を手にし、その政策を実行する。次の選挙でそれを有権者から評価される。これが政党政治の基本的プロセスである。もし公約違反が平気で許されるなら、このプロセスは機能しない。

もちろん事情に変更は生じ得る。金科玉条、約束を寸分違えてはならないというものではない。いざ権力の座に就いてみたら、それまでの思い違いもあって約束を守れないということはあるだろう。ただ、その際にはその事情の変更につき有権者の理解を得るための最善の努力が求められる。それを欠いたままでやり過ごそうとしたり、まして居直ったりしてはいけない。それは政治への信頼を著しく毀損する。現に民主党は有権者の信頼を失ってしまった。のみならず、政策へのニヒリズムを生んでしまった。先の総選挙(二〇一二年一二月)において、政策を二の次にした政党の野合が見られた背景にはこのニヒリズムが横たわっていると思えるのである。

ミッションを見失ってはいけない

菅内閣の一員だったとき、政府がこんなありさまでは絶対いけないと、情けなくも腹立たしかったことがある。それは東日本大震災の復興予算のスピード感のなさである。

二〇一一年三月一一日に大地震が発生し、政府は四月に第一次補正予算を編成した。ただ、このときの補正予算は、被災者生活再建支援法に基づく支援金や災害弔慰金のように、それまですでに制度化されていて、被災地や被災者の態様に応じていわば事務的に支出しなければならない費目ばかりだった。その財源には前年度剰余金が充てられていた。

もとよりそうした予算は必須のものであって、それをいち早く成立させたからといって、それだけで評価されるものではない。補正予算で肝心なことは、一〇〇〇年に一度の大震災の復興に必要な予算として新たな財政支援制度を設け、それを被災地の自治体にできるかぎり速やかに示すことだった。

例えば、早い段階から高台移転構想が論じられていた。津波に洗われた被災地にそのまま住宅や事業所を再建することはできない。いつ再び大津波に襲われるかもしれないからだ。そこで、この際地域全体で近くの高台に移転してはどうかというものである。

一方、防潮堤を被災前の高さよりも嵩《かさ》上げすることによって、被災地にそのまま住み続けるという案もないわけではない。被災地ではこうした高台移転や防潮堤嵩上げなどの選択をめぐって話し合いが行われ、合意を得て復興の青写真を描くことになる。

この青写真は早期に策定することが求められる。家族や財産を失って悲嘆に暮れ、絶望している被災者のみなさんに少しでも希望を見出してもらうには、できるだけ早く自分たちの町の復興の姿を示すことが重要だからだ。もたもたしていては、被災地の将来に希望をつなぐことはできない。

復興の青写真をつくるのは被災自治体だが、それを可能にするには政府が財政支援措置の全貌を明らかにしておく必要がある。通常の災害復興であれば、すでにそれなりの財政支援が制度化されているが、例えば先の高台移転や防潮堤の嵩上げなどは既存の制度だけだと地元負担や自己負担が膨大となり、それを実現することは事実上不可能だからだ。それらを織り込んだ青写真の作成を可能にするには、国が新しい財政支援措置を設けて自治体に保障しておくことが必要で、それを担保するのが予算にほかならない。復興予算の編成は急務であった。

こんな事情があったので、筆者は地震発生後の二〇一一年四月の段階から、復興のための本格補正予算を早期に編成するよう、閣議あるいは閣議後の閣僚懇談会の場でたびたび訴えていた。しかし、この訴えは日の目を見なかった。財源のめどが立たないのに補正予算を組むのは無責任だというのが当時の野田財務大臣の主張で、それを菅総理も否定しなかったからだ。

野田財務大臣の主張は、前年度剰余金や予備費など手持ちの財源で補正予算を賄うのはいいとして、それを上回る予算を編成するには新たな財源が伴わなければならないというものである。新たな財源とは復興のための増税を意味し、これをわかりやすくいえば、「増税なくして復興なし」ということだった。本来、災害復旧や復興のための事業は財政運営上国債を財源とするにもっともふさわしい費目とされているにもかかわらず、まるで復興を人質にとるかのごとく増税を補正予算編成の条件としてしまったのである。

これについては、先に述べた閣議後の閣僚懇談会でいくつかのやりとりがあった。増税が決まらなければ補正予算を組まないというのは、救急病院に重篤な患者が担ぎ込まれてきても、治療費の返済計画を提出しなければ手術に取りかからないようなものではないか、そんなことでいいのかと迫ったところ、ある大臣が「アメリカの病院はそんなものですよ」と言ってかき混ぜていた。では、わが日本国政府はそんなアメリカの病院のようなことでいいのかと駁《ばく》したら、反論はなかった。ただ、だからといって補正予算を組もうということには至らなかった。

ある時は、復興増税が決まってから補正予算を組むというが、しからばその増税がとうとう国会で認められない場合には東北の復興を断念するつもりかと問いただしたところ、うつ向いたままで返事がなかった。

またある時は、どこかの国が攻めてきたとき、わが国は前年度剰余金と予備費の範囲内で応戦を試みるが、それを費消してしまったら、戦費調達増税が決まるまで休戦にしてくれと交戦国に頼みに行くのかと言ったら、みなさん大笑いしていたがそれきりだった。

そんなとき菅総理は苦渋に満ちた顔をされていた。筆者が主張するように早く補正予算をつくらなければならないことはわかっているのだが、すでに財務大臣や財務官僚たちと「できていた」ので、応じることができないのだなと察せられた。地域主権改革の一環として取り組んだ国庫補助金の一括交付金化などについては、担当大臣である筆者の言うことを実に誠実に後押ししてくれた総理だったが、この復興予算のことだけは聞いてもらえなかった。返す返すも残念だったし、自らの力不足と権限不足に臍《ほぞ》をかむ思いだった。

結局復興予算ができたのは、菅内閣から野田内閣に代わり、復興増税が決まったその年(二〇一一年)の一一月のことだった。被災地はそれまでの九カ月間、拱手傍観、復興の青写真作成作業に手をつけられないまま待ちぼうけを食わされていた。しかも季節はすでに冬、雪が降る東北では春までその予算を使った事業は執行しづらい。震災発生後ほぼ一年間、復興は足踏みを余儀なくされていたことになる。この遅れは被災地にとっては深い痛手だったに違いない。

この点で民主党政権は大きな過ちを犯したといえる。あれほどの大震災が起きたとき、第一に考えなければならない大切なことは被災地の一日も早い復興である。絶望のどん底にいる被災者にほんの少しでも希望を見出してもらう。不安にかられた被災者に少しでも安心した暮らしを取り戻してもらうことであるはずだ。しかし、民主党政権はそれを二の次にしてでも財源の確保、すなわち増税のほうを優先させてしまった。

　このところ被災自治体の首長とお会いする機会も多い。彼らが一様に不満を漏らすのは復興の遅れである。その大きな原因が、復興予算の成立が遅れたこととその予算の使い勝手の悪さである。災害復興にとって何が大切か、民主党政権がそれを間違えたことが被災地の苦渋を増やすことにつながった。政治はミッションを誤ってはいけない。民主党政権が残した貴重な教訓である。

「政治主導」には人材が不可欠

過般、その復興予算の「使い回し」が大きく報道された。国民の多くは被災地の復興のためならばと、その財源確保のための増税に快く応じた。ところが、いざそれが使われてみると、復興とはまるで関係のないところに使い回されている。

　調査捕鯨の関係予算も復興予算から支出されているそうだ。調査捕鯨はシーシェパードによる反捕鯨活動に悩まされている。その執拗な妨害行為に対し敢然と立ち向かう姿勢が被災地のみなさんを励ますことになるから、復興予算を充てていいという理屈だそうだ。よくもこんな屁理屈を素面《しらふ》で言えるものだとあきれるほかない。

　被災地とは関係のないある国立大学の学長から聞いた話である。国から復興予算が配分されてきた。それはありがたいが、復興予算の趣旨と違うのではないかと確認したところ、大丈夫だから気にしないで使えと文部科学省から指示があったそうだ。被災地のみなさんに心苦しいが使わせてもらったと述懐していた。

霞が関の各省は、復興予算は被災地以外のところにも使えることになっているから問題ないと言い張っていた。ことの発端はそうではなく、震災への対応では被災地以外の自治体から大勢の人が資機材とともに駆けつけた。例えば東京消防庁は東京電力福島第一原子力発電所への注水・放水に当たった。その活動に使った高価な装備は被曝によって廃棄せざるを得ない。それは当然国が補償する必要がある。こんなケースを想定して被災地以外にも例外的に使えるというのがその趣旨だったはずなのに、いつの間にか屁理屈をこねれば何にでも使えるような仕掛けにしてしまっている。

あれほど財源がなければ復興のためであっても予算を組まないと言い張っていたのに、いざ増税して予算ができると、復興であろうとなかろうと、ルーズな使い方に歯止めがきかない。政府の退廃はここに極まってしまった。

この退廃は閣僚たちも承知のうえだったのか。それならば野田政権は国民・納税者と被災者を愚弄していたとしか言いようがない。総理をはじめとした閣僚たちはそれだけで失格である。それとも閣僚たちが知らないところで財務省や各省のお役人たちが勝手に使い回す仕組みをこしらえたのか。それなら閣僚が官僚になめられているのであって、それはそれでいささかの同情には値するが、官僚を統制できずなめられているような閣僚はこれまた失格である。

国民のための政治主導を標榜してスタートした民主党政権が、官僚と一緒になって、あるいは官僚になめられて国民を愚弄する末路となったのはなんとも皮肉な結果である。真の政治主導には政治家の力量とゆるぎない誠実さが不可欠という教訓ではある。

2 「決められる政治」の危うさ——安倍政権を検証する1

何事も学ばず、何事も忘れず——何も変わらない公共事業

（二〇一三・三）

公共事業は地方を救うか

二〇一二年一二月、第二次安倍晋三政権が誕生した。新しい政権が誕生したら一〇〇日間は静かに見守れ、という。政権運営が軌道に乗るまでは早計な批判を慎むべきとするこの考えに異論はない。ただ、安倍新政権では景気対策の名のもとに公共事業を大盤振る舞いする方針が報じられ、先の首相の所信表明演説でも、「機動的な財政政策」の必要性を強調し、補正予算の速やかな成立を促している。

巨費を伴う公共事業については、補正予算を仕上げる今のうちに問題点を指摘しておかなければならない。かつての自民党政権も公共事業に大金を投じ、さしたる成果をもたらすことなく借金の山だけを残した。従来型の公共事業が似たような結果しかもたらさないことは容易に想像がつく。後の祭りにならぬよう、この段階で懸念を表明する所以である。

経済の疲弊と雇用情勢の厳しさは大都市圏より地方圏で顕著である。では、公共事業が地方の経済

を蘇生させる原動力になり得るか。筆者の経験に照らし、残念ながら従来型の公共事業が地方経済をその停滞から救うことはまずない。

道路事業に例をとると、予算の何割かは土地代に回る。通常土地を売った地主が起業したり、人を雇ったりすることはない。売却代金は金融機関に預けられ、その資金の多くが国債の購入に充てられている現状では、土地代が地方経済に及ぼす影響はほとんどない。

次に、鉄とセメントとアスファルトなどの資材のほか建設機械を大量に調達する。これらが地方経済にいかなる効果をもたらすか。まず鉄だが、筆者が知事を務めていた鳥取県には製鉄工場もなければ鉄の鉱山もない。経済効果のほとんどは国内他地域あるいは海外に流出し、域内にとどまることはない。セメントもしかり、アスファルトもしかり、建設機械もしかりである。

公共事業の経済効果として、建設作業員の給与費は確実に増える。しかし、公共事業費に占める人件費の割合は、事業にもよるがさほど大きくない。しかも、トンネルや橋梁《きょうりょう》などの大規模工事のほとんどは大手ゼネコンが受注し、地元業者は下請けか孫請けに甘んじる。そこに雇われる従業員の待遇は決して恵まれたものではない。その乏しい雇用すらも、いずれ公共事業が縮小すればそこで途絶えてしまう。

こうした事情は、鳥取県だけでなく似たような他の地域でも同様である。公共事業によって地域経済にもたらされる効果は、土木建設業者が一息つけること、率直にいって必ずしも魅力的でない雇用が一時的に多少増えることのほかにあまり考えられないというのが、冷静に見た地方の現実である。

即効性の「罠」と縦割りの弊害

景気対策としての公共事業は、その効果ができるだけ早く現れることが期待される。じっくり計画を練り、五年がかりで実施するなどという悠長な考えは許されない。予算をつけたらすぐに執行され、資材購入や雇用に結びつかなければならない。求められるのは即効性である。

その結果、地方では何が起きるか。ここでも道路事業を例にとると、地域住民にとって優先度が高いのは生活道路であることが多い。二〇一二年四月、京都府亀岡市で登校中の児童らがはねられ、三人が死亡する痛ましい交通事故が引き起こされた。原因が無免許者による居眠り運転にあることは明らかだが、もしあの道路に段差のある歩道とガードレールが設けられていたら、事故は未然に防げたのではとも思う。

事故後、文部科学省などが行った調査では、全国の通学路にある危険箇所は七万カ所にのぼるという。これまで国も自治体も公共事業に邁進してきたというのに、どうしてこんなに数多くの危ない道路が手つかずのまま放置されているのか。

生活道路に歩道をつけるには道路の拡幅を必要とし、それには道路に沿って軒を連ねる商店や事業所、民家が立ち退くか、セットバック(後ずさり)しなければならない。地権者に計画を持ちかけ、同意を得るには相応の年月を要するから即効性は期待できない。

安倍総理は所信表明演説の中で、補正予算の重点分野として「暮らしの安心・地域活性化」を強調した。しかし、生活道路などを安全にするための工事は、即効性が強く求められる景気対策の中では取り上げられにくい。こうした実情を総理はどれほど認識しているだろうか。

国の各省の縦割りの弊害も見過ごせない。筆者が鳥取県知事をしていた頃、県内でもっとも急がれたのは鳥取市から関西方面に向かう高速道路だった。国土交通省に日参して掛け合ってみても、国の予算不足で遅々として進まない状況が続いた。

ところが、ちょうど同じ頃、農林水産省からは補助金に余裕があるので農道の整備を追加しないかと持ちかけられていた。すでに必要な農道整備事業は予算に計上しており、これに追加して実施する予定はないと断ったところ、国の担当官はとても不機嫌だったと後で職員から聞かされた。

高速道路も農道も同じ税金を使うのだから、有無相通ずで、農水省の予算を国交省に回すことによって、鳥取県が必要とする道路の整備を進めてほしいと内閣官房長官や担当大臣に訴えたものの、事態は何も変わらなかった。

着々と進む先祖返り

二〇一〇年九月、筆者は総務大臣に任じられ、あわせて国庫補助金改革を担当した。このチャンスに知事時代の経験も生かして、国庫補助金の縦割りの弊害を除去する改革を行った。国交省が持っている県道補助金や農水省の農道補助金などを個々にではなくまとめて都道府県に配分し、その使途を都道府県に委ねる仕組みを取り入れたのである。補助金の「一括交付金化」である。これによって、県道整備の補助金が足りない一方で農道整備補助金を押し付けられるというようなムダは、都道府県で自主的に解消できることになった。

実は担当大臣としては、いずれは県道や農道の枠を超えて、これまでにない新しいタイプの事業も一括交付金によって実施できるようにしたいと構想していた。仲井眞《なかいま》弘多《ひろかず》沖縄県知事の提案に触発されたもので、原発のない沖縄県では道路などの従来型の公共事業より自然エネルギー開発の優先度が高いとする意見に、筆者も同感だった。同じく原発のない鳥取県などの地域でも、これによってエネルギー自給率を高めることができれば、富の域外流出を減らすことができる。地域経済の将来にもたらす効果は頗る大きいはずだ。

伝えられるところによると、安倍政権ではせっかくの一括交付金制度をはなから廃止し、従前の縦割り・ひもつき方式に戻す方針のようだ。民主党政権下での変革に対する生理的嫌悪感があるのだろう。加えて、国会議員が官僚に口を利き、地元に補助金を持ち帰る。こうした政治家と官僚の古い「ビジネスモデル」をまたぞろ復活させたいとの思惑もあるはずだ。先祖返りというほかない。

最近ある県庁の幹部から聞いたところによると、国の補正予算が国会に提出されてもいないのにすでに予算の配分予定額が示され、事業予定箇所をリストアップするように言われているそうだ。自然エネルギー開発などの新型事業は想定されていないし、即効性の観点から今年(二〇一二年)度内に着手し来年度中に完成する事業に絞れと指示されている由。なんのことはない、仕組みもやり方も以前と何も変わっていない。これでは疲弊した地域経済を救わず、生活道路は手つかずのまま残される。それでいて各省縦割りの弊害と政治家の口利き利権だけは元気に甦ろうとしている。

何事も学ばず、何事も忘れず。革命とナポレオン帝政が終わった後に戻ってきたフランス貴族たちをタレーランはこう評した。王政復古ならぬ政権復帰の自民党も、こと公共事業に関しては何も学んでいないし、何も忘れていないようだ。

「国権の最高機関」の怠慢と無責任

（二〇一三・五）

日本は三権分立の国だといわれる。立法、行政及び司法の三権がそれぞれ他を牽制しながら、権力の集中や歪みをただし、国民主権をたしかなものにするという。

三権の一つである国会の多数派から行政のトップである内閣総理大臣が選ばれる議院内閣制のもとで、真に三権が分立していると言えるのか。この疑問は残るものの、小学校のときから教えられてきた三権分立にあえてケチをつけることもあるまい。権力の集中を排除すべきとする考えは、民主政治にとって大切な理念である。

ともあれ、二〇一三年三月一四日、三権のうちの立法と行政との関係について深く考えさせられる判決が出た。成年被後見人の参政権をめぐる東京地方裁判所の判決である。裁判では、成年後見制度のもとで成年後見人が付いた人（成年被後見人）は選挙権を喪失すると定めた公職選挙法の規定が、法のもとの平等を保障した憲法第一四条などに違反しているかどうかが争われた。

東京地裁は、成年被後見人の中にも投票能力がある人は少なからずいるにもかかわらず、一律に選挙権を失わせることは憲法第一四条などに違反しているとの判断を示した。違和感のない妥当な判決だと思う。

被告席に立つべきは国会

この訴訟が提起された二〇一一年二月当時、筆者は菅直人内閣で総務大臣を務めていた。公職選挙法を所管していたので、まさに被告の立場に立たされたのである。訴訟が提起されたとき、とても複雑な気持ちにさせられた。原告の主張に理があるとしか思えなかったからである。

ただ、さればとて総務大臣が直ちに事態を収拾するわけにはいかない。「悪法もまた法なり」とまで言うつもりはないが、「法律に基づく行政」の原理のもとでは、法が合理性を欠いていると思っても、行政府はまずそれに従わなければならないからだ。「成年被後見人は選挙権及び被選挙権を有しない」とする公職選挙法の規定がある以上、個人的には不本意ながらも法務省とともに応訴せざるを得なかったのである。

ちょうどその頃の二〇一一年二月九日、衆議院予算委員会でこの訴訟を念頭においた質問がなされた。公職選挙法の規定を改正すべきとの考えを前提に、それに対する総務大臣の見解を問われたのである。いい機会だったので、答弁ではあえて個人的な見解を含めて次の二点に言及した。

まず、成年後見の要件である「事理を弁識する能力」(民法第七条)が同じような状況でありながら、成年被後見の道を選んだ人は参政権を失い、そうでない人は保有し続けるとする現行制度は不公平ではないかという論点はあり得ること。もう一つは、成年後見制度は本人の基本的人権を保護するために設けられたのに、結果として本来広く享有されるべき政治参画の機会を奪っていることに対する自分自身の違和感である。

質問者はこの答弁を了とし、「今後もよく御検討いただきたい」として次に移ったが、筆者はこのやりとりにも違和感を抱かざるを得なかった。「御検討いただきたい」とはこちらのセリフだったからである。争われているのは、行政府が法律に違反して原告の参政権行使を妨げたなどということではない。立法府が制定し、そのままにしている法律の規定が憲法に違反するのではないかと問われているのである。

それならば、本来被告席に立つべきは総務省や法務省ではなくて国会のはずだ。質問者を含め国会議員たちはこの問題に対し主体的に取り組むべきではないか。もっと自覚と責任感を持ってほしいとつくづく思ったものである。

選挙管理委員会を矢面に立たせる無責任

この種の国会の無責任はほかにもある。その悪い見本が「一票の格差」をめぐる訴訟である。二〇一三年三月六日の東京高等裁判所を皮切りに、その前年末の衆議院議員選挙が「違憲」あるいは「違憲状態」のもとに実施されたとの判決が出揃った。

選挙結果そのものを無効とする広島高等裁判所岡山支部などの判決を含め、それらはこれまで違憲状態を放置してきた国会の怠慢を批判している。東京高裁の判決では「(すでに最高裁判所から)憲法が要求している投票価値の平等に反する状態にあることが明確に示され、投票価値の平等の要請にかなう立法的措置を講ずる必要がある旨の強い警鐘が鳴らされたにもかかわらず、(中略)是正が早急に行われないままに本件選挙が施行されるに至った経過は、看過することができない」と厳しく指弾された。

もちろん、裁判の過程では被告もあれこれ弁明に努めてきた。例えば、二〇一一年の最高裁判決で「できるだけ速やかに廃止する」よう指摘された「一人別枠方式」（小選挙区三〇〇議席の配分に当たり、まず四七都道府県に一議席ずつ割り当て、残りを人口に比例して配分する）についても、廃止した場合の定数再配分や選挙区割の改定にはかなりの時間を要することなどを縷々主張した。しかし、それらも一蹴され、怠慢を論難された被告はさぞや恐れ入ったに違いないと思いきや、必ずしもそういう構図にはなっていない。

実は、この裁判の被告は本来の当事者である国ではなく、東京都選挙管理委員会なのである。各地の裁判でも被告はそれぞれの選挙管理委員会である。選挙管理委員会には、とんだとばっちりである。国政選挙の仕組みを手直しすべきは国であって、選挙管理委員会には何らの権限も責任もない。ところが、訴訟では被告の役回りを務めさせられる。やむなく被告として振る舞ってはいるが、選挙管理委員会関係者にしてみれば、迷惑この上ない。腹立たしくも割り切れない心境であるに違いない。

そんな事情もあり、一連の訴訟では総務省と法務省が各選挙管理委員会の応訴事務を全面的に支えている。しかし、それも理屈に合わない。違憲状態を放置してきたのは、総務省や法務省ではなく国会であるからだ。

二〇〇九年の衆議院議員選挙が違憲状態にあったとする二〇一一年三月の最高裁判決が出たときも筆者は総務大臣を務めていた。この判決後に及んでも、与党からも野党からも一票の格差是正に向けて表だった動きが出てこない。そこで筆者は総理や与党幹部など主だった政治家に迅速な改正を慫慂《しょうよう》した。その際、この種の改正は議員提案で行うのを通例としてきたが、もし許されるなら総務省で案を作り、政府提案としてもよいとの考えも伝えておいた。総務省の事務方ともあらかじめ打ち合わせたうえでのことである。しかし、政治家たちの反応は、「それには及ばぬ。自分たちでやる」ということだった。そんな経緯からしても、国会の怠慢の尻拭いを押しつけられ、訴訟への対応に追われる総務省や法務省の官僚たちにも割り切れないものがあるはずだ。

話を成年被後見人の選挙権に戻す。判決を受けた政府は、多少の迷いがあったようだが、最終的には控訴することを決めた。公職選挙法の規定が変わらないのに、行政府の判断で地裁判決を受け入れ、控訴しないという選択は取りづらかったのだろう。ただ、高裁でも地裁判決が覆りそうにないことは政府も重々わかっているだろうから、「戦意」は湧かないし、原告の心情を思いやれば、いたずらに時間を費やすことに心が痛んでいるはずだ。

国会はどうか。与党の中には「立法府の課題として議員立法の道も探る」との考えもあると伝えられる。これまでにない素直な判断だと思う。一票の格差問題を含め、国会は自らの怠慢が招いた訴訟であるにもかかわらず、行政府や本来まったく責任のない地方の選挙管理委員会を矢面に立たせてきた。無責任極まりない。ここは国会議員たちにこそ被告席に立ってもらいたいが、当面それができないとしても、せめて速やかに立法措置を講じるぐらいの罪滅ぼしはしたらどうか。それすらもできない国会であるなら、もはや「国権の最高機関」の名には値しない。

虚妄の争点だった「ねじれの解消」

（二〇一三・九）

二〇一三年七月の参議院議員選挙はまったく盛り上がりに欠ける選挙ではあった。公示のずっと以前から自民党圧勝の予測がマスコミから流されていた。最近の国政選挙の結果は事前予測とほとんど変わらないと念押しもされていたので、どことなく優勝が決まった後のプロ野球の消化試合のような雰囲気だった。

理由はそれだけではない。大政党が選挙の争点を曖昧《あいまい》にしたため、有権者にとっては選挙を通じて政策を選択するという契機に乏しかったこともあげられる。自民党はアベノミクスを自画自賛するほかは、ひたすら「ねじれの解消」を叫んでいた。「ねじれの解消」とは参議院でも与党が過半数を占めることだから、それは「勝たせてくれ」というに等しく、争点でも政策でもない。選挙で「勝たせてくれ」というのはどの政党も主張する当たり前のことだからである。

一方、これまで参議院第一党だった民主党は、「自民党の暴走を止める」と声をからしていた。これも裏を返せば自分たちを勝たせてくれということだから、争点でも政策でもない。アベノミクスの副作用を指摘するものの、さりとてその対案を語ることはなかった。

一般に政権与党は、勝つことがほぼわかっている選挙では、国論が割れている政策課題を争点化したくない。選挙後にフリーハンドを確保しておきたいし、寝た子を起こす愚を避けたいからだ。それがずるいとか、政策を競い合うべき選挙の意義を損なうなどの批判にさらされるものの、戦術としてはあり得ることだ。

ところが、野党の場合には、与党の政策に対し正論でもって真っ向から批判することができるし、対案を示すこともできる。政権への対抗軸を作り、与党が曖昧にしておきたい重要課題をあえて争点化し、与党の矛盾を明らかにすることができる。こんな痛快な態度をとることができるのは野党の強みでもあり、特権でもある。

争点も存在感も示せなかった民主党

さて、野党の雄たる民主党である。このたびの選挙では野党の影が薄かったが、わけても民主党の存在感はなかった。政権運営が稚拙だったことやその後も続く党内のごたごたに嫌気がさしたことなどもあるが、この選挙に焦点を当てれば、選挙で民意に問いかけるべき課題がいくつもあったのに、それを政策として有権者に提示し、争点化することに民主党は失敗した。野党の強みや特権を生かすことがなかったのである。

民主党が自民党を追い詰める論点はいくつもあった。安倍総理が選挙では封印した感のある憲法改正問題はその一つである。総理が憲法第九条を改正したいと考えていることは明らかだが、それは連立を組んでいる公明党との間に齟齬《そご》はないのか。自民党の候補者は総理と同じ考えなのか。各人それを明らかにせよ。民主党がこんな迫り方をしていたら、選挙がもう少し賑やかになっていただろう。

しかし、そんな迫り方はできなかった。民主党には「お家の事情」があったからだ。自民党に迫ろうと思っても、そもそも党内の意見がまとまっていないことには迫りようがない。安倍内閣になれば憲法改正問題が争点として浮上してくることは誰しもわかっていた。これにどう対処するか。党内で議論し、合意を取り付けておくべきだったが、民主党はそれを怠っていた。

ここに興味深い情報がある。毎日新聞社が有権者に提供したボートマッチ「えらぼーと」である。「えらぼーと」とは、有権者と政党との間の考え方の一致度ないし親和度を確かめることができる仕組みである。選挙で争点になりそうないくつかの項目について、利用者がパソコンなどを通じて一つ一つの設問に答えていくと、結果的に自分がどの政党の考えに近いかがおおよそわかるのである。

これを実施するに際し、選挙に臨む政党と候補者にも同じ設問で答えてもらっているのだが、民主党の回答から窺える顕著な特徴は、選挙戦で大きな争点となり得た項目については明確な回答を避けていることである。

例えば、「憲法改正に賛成ですか、反対ですか」との設問に対する回答は、「足らざる点があれば補い、改める点があれば改める点を、責任をもって提案する」とある。これを素直に読めば、「足らざる点や改める点はあるのかもしれないが、現時点では認識していない」ということなのだろう。これでは民主党は憲法問題を議論することはできない。

また、「憲法九条の改正について、あなたの考えに近いのはどれですか」という設問がある。これへの選択肢は「改正して、自衛隊の役割や限界を明記すべきだ」「改正して、自衛隊を他国同様の「国防軍」にすべきだ」「改正には反対だ」「無回答」の四つなのだが、民主党はどれでもなく、「平和主義、専守防衛、徴兵制禁止の原則をより明確にするため、議論を深めるべきと考える」と回答している。これでは改正したいのか、したくないのか、その意思がさっぱり伝わってこない。こんなレトリックを弄していたのでは、有権者の多くが民主党に関心を寄せることはなかっただろう。

さらに、TPPへの参加の是非、原発輸出を進めるべきかどうかも、有権者の関心が強い項目である。それぞれ政権与党が前のめりの姿勢で進めようとしている施策だが、そのいずれにも民主党は賛成でも反対でもない回答を寄せている。結局、重要な争点となるべき政策課題について、民主党はほとんど方針を示すことができなかった。これでは自民党の対抗軸となることはできず、存在感が希薄になったのもむべなるかなである。

濡れ衣を着せられた「ねじれ」

安倍総理は選挙戦を通じて「ねじれ」を解消して、「決められる政治」を「着実に前に進める」と繰り返していた。ということは、これまで衆参の「ねじれ」があったので、決めるべきことが決められなかったし、前に進められなかったという認識なのだろう。

では、昨年(二〇一二年)末に安倍政権が誕生してから通常国会が終わるまで、「ねじれ」が原因で何が決められなかったのか。そのことで、国の政治や国民生活にどんな悪影響がもたらされたのかが提示されなければならない。総理は福島県での参議院議員選挙公示後の第一声で「ねじれているためにも、なかなか復興、スピーディーに進んでいかない」と発言したと報じられたが、復興関係の議案や政策で、具体的に何が参議院野党の反対で成立しなかったというのか。筆者には思い浮かばない。

ただ、「復興がスピーディーに進んでいかない」現状は、直接、間接を問わず筆者も折にふれて見聞してきた。先日も東北のある被災地を訪れ、自治体の幹部から話をうかがった。復興予算を使おうと思っても、国の基準にわずかでも合わないと適用から外されるので、ほとほと困っている。何度も国の官庁に足を運ばなければものごとが決まらないので、手間ばかりかかるなど、切実な悩みと不満とを聞かされた。

例えば、地震で図書館が壊れた自治体がそれを再建するのに復興予算を充てられない。被災前とは異なる場所に再建しようとすると、復興予算の対象にならないそうだ。あれほどの大災害に見舞われ、地域のありようや人々の住まい方が以前とはまるで違ったものになるのに、図書館の再建は元あった場所に限るなどと制約を加えることにどんな意味があるのか。

ところが、被災地以外の地域では復興予算が杜撰《ずさん》な使われ方をしている実態が明らかにされている。中国地方のある県ではイベントの賑やかしに繰り出すキャラバン隊の雇用経費に充てられた。その中に東北から避難してきている人は一人もいなかったというから、被災地の復興とまるで関係がないところに予算が垂れ流されたわけだ。

また、復興予算は九州の林道整備事業にも使われた。復興が進めば被災地の木材需要が増し、それに今から備えるためなのだから、予算を充てる理由があるのだという。そんな屁理屈を耳にしたとき、「風が吹けば桶屋が儲《もう》かる」のことわざを思い出して、つい吹き出さずにはおれなかった。

ただ、先の図書館のことに戻ると、これを笑ってすますわけにはいかない。図書館の移転再建には復興予算を使わせてもらえないので、その自治体ではとりあえず仮設の図書館を建てて当座を凌いでいる。仮設ゆえ小さいながらも、木造の瀟洒《しょうしゃ》な図書館だ。仮設を建てるときぐらい復興予算を充てたらいいのにと思うが、やはりダメだったそうだ。結局、カナダ政府の支援により建てたので、材木もカナダ産を調達したそうだ。被災地の木材需要に備えるためと称して林道整備に余念のない九州の木材でなかったのが、なんとも皮肉に思えた。

肝心の被災地では峻厳な基準を課すことで予算使用が制約を受け、復興が思うようにならない。その一方で、被災地の外では予算が野放図に使われていることもあって、当初予定していた復興財源は底を突いたという。二重の意味で被災地の復興が進まない構図である。

これなどは「ねじれ」のせいでもなんでもない。政府の財政面でのガバナンスが利いていないことの結果である。被災地での硬直的な予算執行は官僚たちの前例踏襲主義と視野の狭さを反映しているのだから、正常な政治主導によって柔軟な執行に切り替えさせなければならない。また、被災地以外の地域での復興予算の使い回しは、その原因がどこにあるのかを究明し、その責任を追及すべきである。究明してみたら、政治と官僚がグルになっていたなどというのであれば、何をかいわんやだ。

安倍首相は、「ねじれているため、経済の再生もスピーディーに進まない」とも言っていた。本当にそうだろうか。アベノミクスの三本の矢のうちの金融政策では、日本銀行に「異次元」の金融政策をとらせるべく、意のままになる黒田東彦《はるひこ》氏を総裁に任命した。それは野党が多数を占める参議院でも同氏の選任に同意が得られたからできたことで、「ねじれ」の影響などまったくない。

第二の矢の需要創出についても、二〇一二年度の補正予算及び二〇一三年度の当初予算を国会で成立させ、国と地方の公共事業を大幅に増額させることに成功した。第三の矢である成長戦略も、参議院でぎくしゃくして進んでいないわけではない。その主要課題とされる規制緩和が思いどおりに進まないのは、もっぱら官僚とその背後の業界団体との調整がうまくつかないからではないのか。

また、TPP参加問題との関連で、農業分野の規制緩和などの農業改革をしようにもなかなか手がつけられないという話が時折報じられる。これとて、自民党と関係の深い農業団体、その農業団体の支援を受ける国会議員たちの理解と協力が得られないことに主たる原因があるのであって、国会の「ねじれ」以前の「党内のねじれ」が問題である。

ひょっとして、心づもりとして成長戦略の中核に原発再稼働を位置づけていて、それが野党の強い反対で進まなかったと考えているのかもしれない。しかし、原発を再稼働させるかどうかは、国会議員の数で決めることでは毛頭ない。「ねじれ」があろうとなかろうと、安全を確認できるかどうかがカギであることを忘れないでもらいたい。選挙に大勝したのだから、これで再稼働がスピーディーに進められるなどと勘違いしてもらっては困る。

「ねじれ」解消後の国会運営

「ねじれ」が「決められない政治」につながるという点では、思い当たることもある。参議院の問責決議である。総理を含む国務大臣が問責されると、それ以後の参議院では本会議はもちろん委員会においても、当該大臣が出席する審議には応じない慣わしとなっている。参議院で野党が多数を占めていると問責決議は通りやすいから、「ねじれ」は国会審議を著しく停滞させることにつながる。

ただ、憲法には言葉の広い意味での問責である「不信任決議」を衆議院には認めているが、参議院には認めていない。内閣が不信任されると、総辞職するか、そうでなければ衆議院は解散される。不信任する衆議院議員の側は、自分たちの地位を失うことも辞さず、伸るか反るかの覚悟で内閣を追い込むのである。

ひるがえって、参議院の問責は、参議院には解散はないので、自分たちはまったくの安全地帯にいながら、政府を追い詰めようとする。憲法で認められていない身勝手な振る舞いを参議院では慣習として続けている。

その結果、国会運営が停滞したからといって、それをあたかも国民の政治選択の結果として生じた「ねじれ」のせいにするのは正当ではあるまい。まして、これをわが国の統治機構を決めている憲法のせいにするのはまったく的外れである。自分たちの慣行によって自縄自縛に陥っているのだから、まずは自分たちの手でその縄をほどいたらどうか。

選挙後の参議院における与野党の構成からして、問責が可決される見込みはまずない。参議院野党にとって問責をもはや武器とし得ないこのタイミングをとらえて、問責について与野党間で冷静に話し合ってみてはどうか。それは、自民党が再び野党に転落しても、あるいは今の野党が次回以降の参議院議員選挙で多数を占めることになったとしても、問責に審議拒否の効力を生じさせないという同意と互いの譲歩を今のうちに確認しておくという意味である。

ところで、問責でもなければ参議院の存在価値がないと嘯《うそぶ》く参議院議員もいた。ということは、参議院は「ねじれ」があれば価値があるが、これからしばらくは続くように、与党が多数を占めていては意味がないということになる。果たしてそうだろうか。

たしかに、衆議院と同じように委員会審議で政府に質問し、大臣から答弁書の「朗読」があり、あらかじめ党派で決めたとおりに評決するのでは、「ねじれ」のない状態のもとでは、参議院は衆議院と同じ道行をなぞるだけの存在になってしまう。まさしく衆議院の「カーボンコピー」と揶揄されても反論できまい。

しかし、憲法が二院制を採用したのは、常に「ねじれ」があることを前提にして参議院の意義を見出したからではない。「ねじれ」があろうとなかろうと、参議院に課せられた役割があるはずだ。これも、与党が安定多数を占めた今日、与野党の間で落ち着いて話し合ってみるのがいい。

そこで提案だが、例えば衆議院で大臣や副大臣ばかりを相手に質問するのなら、参議院では尋ねる相手を変えてみてはどうか。政府に対する質問の答弁は、その案件に一番詳しい人からさせる。なんでもかんでも大臣に答弁を求める国会の現状は生産的でないし、滑稽でもある。質問の前夜あるいは当日早朝、官僚たちから猛特訓を受け、にわか勉強の成果を得々として披露する大臣もいる。

官僚に答弁させないで、大臣自ら答弁するのが政治主導だと勘違いしている人が多いが、それは大間違いである。往々にして質問の意味もわからない大臣が国会で恥をかかないためには、官僚たちが用意してくれた模範解答を読み上げるか、あるいは覚えておいて復唱するしかない。

そうやって官僚たちの敷いたレールの上をひたすら走らされているうちに、政治家はその意に反して「官僚主導」の虜《とりこ》となる。衆議院も改めたらいいと思うが、とりあえず参議院だけでも大臣答弁にこだわらないで、詳しい人に答弁させるのがよい。そのほうがよほど審議内容も深まり、それが参議院の特性を発揮することになる。

それでは名実ともに官僚主導になるのではなどと心配する必要はない。官僚が政権与党の意を体して答弁しているかどうかぐらいは大臣にもわかるだろうから、もし勝手な振る舞いをする官僚がいれば、その職からはずせばよい。大臣の仕事は、細かい知識を官僚と競い合うことではない。政策の大筋を示し、それを実現するにふさわしい省内の体制と人事を整えることにあるはずだ。

さらに、衆議院がもっぱら大臣をはじめとする役所側から話を聴くのであれば、参議院はもっと国民や有識者から意見を聴くことにしてはどうか。これまでも予算案などの審議では衆参両議院とも委員会で公聴会や参考人質疑を開いているが、外部の意見を聴いて審議の参考にしようという意思も姿勢もまったくない。国会法に規定しているから仕方なく開いているにすぎず、いわば採決の前の通過儀礼に貶めている。

これまでの国会審議は、議案を提出した政府を野党が質問を通じて追及したり、逆に与党が政府を「よいしょ」したりで、いずれにしても政府ばかりを相手にしている。そこでこれからの参議院は、政府を相手に衆議院の「二番煎じ」に甘んじるのではなく、その議案に対する国民や有識者の意見や批判に耳を傾けてはどうかという提案である。

公聴会や参考人質疑を通じて、その議案の欠陥や見落としを指摘され、与党の議員から見ても頷けるものであれば、参議院で議案の修正をすればいい。それこそが慎重審議を使命とした参議院の本領発揮につながり、その独自性を示すことになるのではないか。

これらを含めて、「ねじれ」が解消された今こそ、国会議員のみなさんには、参議院の役割、参議院と衆議院との関係、国会と国民との距離などを謙虚に考えてみられるようお勧めする。

政治にとって重要な人事とは何か

（二〇一三・一〇）

二〇一三年八月、内閣法制局長官の人事が新聞を賑わした。山本庸幸《つねゆき》長官が退任し、その後任に駐仏大使を務めていた小松一郎氏が任命されたのである。近年内閣法制局長官人事が話題になったのは珍しい。その論調は、一部の新聞を除いて概ね批判的である。

批判の理由の一つは、小松氏に内閣法制局勤務の経験がないことだ。従来、安定性をことのほか重視する法制局のトップには、組織内で法解釈などを共有してきていることが望ましいとされ、したがって内部登用を常としてきた。小松氏の起用はそれに反するというのだ。

もう一つの批判は、この人事は安倍首相が憲法解釈を変更する布石では、との危惧に根ざしている。首相は集団的自衛権行使を合憲とする解釈を打ち出すのに躍起で、かねてこれを違憲としてきた法制局の体制を一新すべく、自分と近い考えを持つ小松氏を起用したと見る。

筆者は前者の批判には与《くみ》しない。内閣法制局は幹部要員のすべてを各省からの出向者でまかなっている。その中からいくつかの特定の官庁の出身者が残って順次ナンバーツーの次長に昇進し、その次長が持ち上がって長官に就いてきた。安定性が大事だという陰で、なんのことはない、特定の官庁の官僚たちが自分たちの縄張りを大事にしてきたわけだ。

そこに時として政治主導による人事が介在することはあっていい。内閣法制局にはこれまでの慣例の殻を脱しなければならないことがいくつもあるが、それを遂行するには組織にどっぷり浸かってきた人よりも、傍目《おかめ》八目《はちもく》で外から眺めていた人のほうが向いている面がないわけではないからだ。

例えば税法の改正である。税制自体が複雑なのでいきおい条文も難解にならざるを得ないのだろうが、もう少し国民にわかりやすい法制にできないものか。税には特例が山ほどある。その特例が税法の本則ではなく、附則で規定されていたり、場合によってある年度の一部改正法の附則に残っていたりする。こんな国民の目をくらますようなやり方をやめ、一覧性のある書きぶりに改めてはどうか。

新長官がこうした地道な分野の改革に関心を持つかどうかわからないが、伝統にこだわりすぎて変革がままならない組織に多少なりとも新風を吹き込むのであれば、異例の人事もそれなりの評価を受ける可能性はある。

解釈変更の布石なら愚かなこと

後者の批判の是非を論ずるには少し時の経過を待つ必要があるだろう。一般論として、政権が仕事をしやすい体制を整えるために官僚の人事を行うことはむしろ望ましい。民主党政権はその視点に欠けていたのか、政権交代後も官僚人事にほとんど手をつけなかった。

解せなかったのは、役所の会議に事務次官以下の幹部を参加させないなど、まるで「官僚は敵だ」と言わんばかりの態度をとったことだ。官僚は企業でいえば従業員で、その従業員を脇に追いやっていたのでは仕事が進むはずがない。部下が信用できないなら、政権交代後早々に信用できる官僚に入れ替えればよかっただけのことである。

加えて、民主党政権は当初、内閣法制局長官を含め官僚には国会答弁をさせない方針をとっていた。政治主導で政治家が責任を果たすといえば聞こえはいいが、本音では官僚に答弁させると政権の意に背く答弁で足を引っ張られるかもしれないとの危惧があったのだろう。おかげで官僚が国会で問題を起こすことはなかったものの、答弁に不慣れな大臣が立ち往生したり、失笑を買ったりする事例が続出した。

安倍政権はこうした前車の轍を踏まないよう、政権の意に沿う答弁ができる人を法制局長官に充てたのか。そうだとすると、それに対する評価はアンビバレントである。仕事をしやすい体制を政治主導で整えるという点は頷けるが、仮に集団的自衛権についての法制局の見解を長官人事で覆すのがねらいなら、愚かなことでしかないからだ。

言わずもがなだが、憲法のミッションは権力や時の為政者たちが民主主義を逸脱したり暴走したりしないよう、彼らに「たが」をはめることにある。そのため、国会議員や彼らが作る政権の思惑によって憲法を容易には変更できない仕掛けが施されている。「各議院の総議員の三分の二以上の賛成」がなければ改正を発議できないとする憲法第九六条はそのためにあり、このハードルは決して高すぎることはない。

そこで、再び一般論だが、憲法の条文の解釈が変わることがないわけではない。ただ、集団的自衛権の行使を解釈で容認するというのは、通常の条文の解釈変更とは異なり、実質的に憲法第九条の規定を改正したのと同じ効果を持つことになる。ここでは詳述することを避けるが、解釈変更によって、これまで軍隊ではないから違憲ではないと取り繕ってきた自衛隊をれっきとした軍隊と認めざるを得なくなるからである。それでは憲法第九条との辻褄がまったく合わなくなってしまう。

憲法改正のハードルが高いので、まず改正手続きを規定する第九六条を変えてハードルを下げようとしたが、どうやら国民の支持を得られそうにない。そこで、ちゃっかり解釈変更でその実を取ろうとする。こんな姑息なことをよもや政権が考えているとは思いたくないが、もしもそれがまかり通るようなら、もはやわが国を法治国家と呼ぶことはできまい。

最高裁こそ「法の番人」

とても重要なことが一つある。新しい法制局長官のことにかまけて、前任者の身の振り方にまで関心が寄せられなかったが、前任の長官は最高裁判所判事に任命されている。筆者はむしろこちらのほうがより問題が大きいと考えている。

マスコミは法制局長官を「法の番人」あるいは「憲法の番人」と報じていたが、それは正しくない。政府が法案を作成し、憲法を含む法令を解釈する過程で実務を取り仕切るのが法制局長官だから、政府の「御意見番」とは言えようが、国民のための「法の番人」というわけではない。ときに、国民から見て非常識な政府の法解釈に「お墨付き」を与えてきたのも法制局長官である。

その政府の行為や国会が定める法律がわれわれ国民の基本的人権を侵害していないかどうかなど、憲法との整合性を最終的にチェックする意味での「法の番人」、「憲法の番人」は最高裁判所である。先の解釈変更も一つの見解に過ぎず、その見解に基づいて制定された法律に基づく政府の行為が何らかの形で訴訟になれば、その行為や当該法律が憲法に適合するかどうかを判断するのが最高裁判所である。

そこで、最高裁判事の人事である。政府の行為はもとより法案作成作業のほとんどを官僚たちが仕切っているわが国の現状にかんがみれば、本来チェックされる立場にある官僚は、チェックする立場の最高裁判事に就くべきではないというのが筆者の考えである。

最高裁判事となった官僚は政府に対して親和性があり、その代弁役にならないとも限らない。それなら「法の番人」ではなく、「政府の番人」でしかない。官僚の中にも立派な人物もいるから十把一絡げに扱うべきでないとする異論も理解するし、一旦任命されれば、憲法にあるとおり「裁判官は、その良心に従ひ独立してその職権を行」うのだから心配無用という反論もわからないではない。ただ、それでも李下《りか》の冠、瓜田《かでん》の履《くつ》の戒めを忘れるべきでない。

最高裁判所の判事の選任には、日銀総裁などの人事と異なり国会承認が不要である。民主統制の手段として、就任した後に国民審査を受けるが、必ずしもこれが十分に機能しているとはいえない。そこで、内閣が選任する際には、官僚出身者を判事に充てることの是非も含めた月旦評がもっとあっていい。このたびは世間の注目が政府の「御意見番」にのみ集まり、本当の「憲法の番人」のほうに関心が寄せられなかったことにいささか寂しい思いをさせられた。

公務員制度改革より政治家改革を

（二〇一四・一）

二〇一三年一一月、政府は中央省庁の幹部職員人事を一元管理する「内閣人事局」設置などを内容とする国家公務員制度改革法案を国会に提出したが、筆者はこの法案を冷ややかに見ている。立案者の意図とは別に、政治が本来取り組むべき課題を回避し、邪道を進んでいるように思えてならないからである。

そもそも何ゆえにこの法案を必要とするのかといえば、各省の幹部公務員の人事がそれぞれの省の官僚たちによって取り仕切られていて、総理が任命した大臣の意向が及ばない現状をどうにか変えたいというところにある。事実上人事権を行使できない大臣は、官僚たちを思うように動かせない。こんなもどかしさを歴代の政権は抱えてきたのだと思う。

とりわけ安倍政権にはその思いが強いようで、官僚を統率するべくその人事権を官邸に一元化したいと考えたのだろう。たしかに、せっかく政権の座に返り咲いたのに、部下である官僚が自らの権限や天下り先を守るのに汲々とするばかりでは、内閣がやりたい仕事はスムーズに進まない。

その事情を理解するにやぶさかではないが、だからといって人事一元化の発想には違和感がある。適切な譬えではないかもしれないが、大企業の社長たちが自社の役員人事を掌握できていないので、各社の役員任命権を経団連に一元化するようなものだからである。そんなことで各社の経営がうまくいくとは思えない。人事権を行使できるしっかりした人物を社長に据える。その社長が人事権を行使しづらい仕組みや慣行があるなら、それを取り除くのがまともな企業の改革方針であるはずだ。

大臣にはなぜ官僚人事ができないのか

これまで官僚人事はその省の大臣が行ってきたことにはなっている。人事の決裁権は大臣に属しているから、たとえ人事案が下から上げられるものだとしても、大臣はそれを修整できる。ならば大臣の意向は反映されているのではないか、と早とちりするのは霞が関の事情に疎い人である。

もちろん、自らの意向を加えて官僚人事を行う大臣がいないでもないが、それはごく稀で、ほとんどの大臣は人事を行わ(え)ない。役所の官僚たちのことがよくわからないからである。役所に限らず大きな組織ならどこでもそうだが、そこに属する人たちの能力や人柄、誠実度、さらにはその人たちの微妙な人間関係などを掌握するにはある程度の時間と接触の機会を要する。

人事次第で組織は活力を生むし、逆にやる気をなくしもする。その大切な人事に、就任して日も浅い大臣が事情もわからずに手をつければとんちんかんなものとなり、官僚たちの士気を沮喪させる結果に終わる公算が強い。だから、ことわけのわかった大臣ほど、あえて人事に手を出そうとしない。

一般論でいえば、大臣が二、三年その職にとどまれば、それなりの人事を行うことは可能である。その間、官僚たちの仕事ぶりを見ているから、人事に必要な判断材料も得られる。ところが、いかんせん最近の内閣は一年もすれば大臣は交替させられるので、その機会が来ることもない。

ただ、率直にいって、これまでのような閣僚の任命方式であれば、大臣がたとえ二、三年務めたとしても、事態はさほど変わらないだろう。これまでの方式とは、政治家の資質や経験のいかんにかかわらず、当選回数などをもとに大臣に就かせるやり方である。歴代内閣の閣僚たちの中には、組織のトップにふさわしくない人が数多くいた。いくら人柄がよくて、当選回数を重ねていたとしても、資質のない人や未経験の人に大臣職は無理である。「ぽっと出」の大臣が牛耳れるほど役所の仕事は楽ではないし、官僚集団は「ヤワ」でない。

その官僚たちは、自前の人事によって事務次官や局長などの幹部職員に選りすぐった人を起用している。外部からは、頑迷で世の中の変化についていけない人たちだと思われていて、それは当たらずとも遠からずということなのかもしれないが、組織防衛には人一倍長けた逸材ばかりである。資質や経験に難点のある大臣であれば、官僚たちによって雑作もなく役所の「虜」にされてしまう。当人は自分で役所を動かしているつもりでも、所詮はお釈迦様の手のひらで踊る孫悟空のようなものだ。こんな状態で大臣が官僚たちの人事を主導できるはずがない。

大臣の「品質管理」と負荷軽減

官僚たちには天下り先などではなく、国民のことを第一義に考えて仕事をしてもらわなければならない。そうした役所に再生できるかどうかは官僚たちの人事のありように左右される。その人事権を持つのが大臣なのだから、大臣には少なくとも官僚人事を適切に行える資質と力量を備えた人を就けなければならない。これが基本である。

基本を実行するための方策は明白で、政権を担う政党が大臣の任に耐える要員を養うことしかない。当選回数にこだわる年功序列人事を排し、能力のある有為な人材に戦略的に経験を積ますことである。伸びる企業ならどこでもやっていることだ。

政治には「見栄え」も大切だから、政権によっては華やかでタレント性のある人を要職に就けることがある。一見年功序列制を壊したように見えるものの、「品質管理」のないまま能力なき人を重用する点では年功序列人事と変わらない。能力のない大臣が頑張れば頑張るほど、役所の中では空回りしてしまう。

能力や資質に問題のない場合であっても、役所や官僚集団を掌握しやすくするには取り組むべき課題がある。国会改革である。国会開会中、大臣は連日予算委員会などの常任委員会に出席し、答弁を求められる。先の「ぽっと出」の大臣は論外として、役所の事情にある程度精通している大臣でもこれには辟易する。質問が統計資料にかかわることや単なる事実関係など、瑣末なことが多すぎるからである。中には、「○○法第何条には何が書かれているか」などと突然質問する議員もいる。司法試験でもそんな問題は出されないだろうに。

国会に臨むにあたって、公衆の面前で恥をかきたくない大臣たちはにわか仕込みの勉強をする。それを手助けするのが官僚たちで、彼らは大臣が恥をかこうとかくまいとあまり頓着しないが、役所に害が及ぶことを不用意に喋られることだけは避けたいので、答弁資料を入念に準備し、それを大臣に教え込む。これが「大臣レク」である。レクとはレクチャーのことで、官僚たちが大臣に講義してあげるのである。決して、大臣が部下たちに政治の理念や政策の基本方針をレクチャーし、指導するのではない。

こうした毎日が続くと、いくら大臣が官僚たちの任命権者だといっても、それは名ばかりで、実際には大臣は官僚たちから手厚い「介護」を受けている。「介護」されている大臣には、「介護」してくれる官僚たちの人事は行えない。

大臣の「要介護度」を下げるには、大臣への質問は政策の基本方針など重要なことに限り、実務的なことは官僚に質《ただ》すのがいい。官僚に答弁させたら、政権の意に反することを平気で喋るからダメだという政治家がいたが、そんな官僚はそれこそ大臣の人事権を発動して更迭すればいいだけのことだ。

大臣の肩の荷を軽くするには他にも効果的な手法がある。各省の権限をできるだけ地方に移譲することである。それにより大臣の「勉強範囲」は確実に縮小する。菅内閣の当時、民主党の目玉政策だった地域主権改革に最初は後ろ向きだったある閣僚が、幾度もの国会答弁を閲《けみ》した後には、権限移譲を進めて役所の仕事を少なくしてほしいと真顔で訴えていた。自治体の仕事にかかわる細かい質問に辟易させられていた大臣ならではの感懐だろう。

政権が官僚たちを駆使するには、政治家の「品質管理」を徹底するとともに、大臣が働きやすい環境づくりに徹すべきである。そうすれば一元化法など自ずと不要になるはずだ。

3

政治は誰のものか――安倍政権を検証する2

大震災の「貴重な経験を生かす」とは

（二〇一四・五）

東日本大地震から丸三年が経過した今日、あらためて被災者と被災地の視点に立った復興に全力を注ぐとともに、あの未曽有の犠牲と被害を無にしないためにも、大震災の教訓を風化させることなく後世につながなければならないと思う。

この三月一一日には各地で犠牲者を悼む式典や防災訓練など、震災を風化させないための行事が催された。政府も東京の国立劇場で東日本大震災三周年追悼式を開き、その式辞の中で安倍晋三総理は「大震災の試練から我々が得た貴重な教訓をしっかりと胸に刻み、将来の様々な災害から、国民の生命、身体、財産を守り抜く」との決意を述べている。

総理の言葉に偽りはないはずだし、ぜひそのとおり取り組んでほしいと願う一方で、国や自治体が本気で教訓を生かそうとしているのかどうか、いささか心許ないこともある。このままでは、大震災の「貴重な教訓」が単に総理の胸に刻まれただけで終わるのではないかとの危惧すら覚えるのである。

復興増税の検証を

例えば、復興に不可欠な国の予算措置のあり方である。東日本大震災の復旧・復興のための本格的な補正予算が整ったのは地震発生から八カ月も後のその年の一一月だった。その間被災地では復興の青写真を描くことも、その前提として復興のビジョンを相談することも事実上できなかった。財政力の弱い被災自治体では、財源のめどが立たなければ何も手がつけられないからである。震災から三年たったのに復興が進んでいないとの指摘があたっているとすれば、その原因の一つに補正予算の遅れがあることは否めない。

なぜ本格予算ができるまでに八カ月もかかったかといえば、政府が財源確保のための復興増税に執着したからである。大災害の復興や、あってはならないことだが戦争のような臨時的経費は、国債の発行によりその財源を調達して差し支えない。財政学の教科書を読めばすぐわかるのに、当時の野田佳彦財務大臣と与謝野馨経済財政政策担当大臣は「復興増税による財源確保」の主張を譲らず、それを菅直人総理も受け入れたのである。かくして、東日本大震災の被災地は、気の毒なことに半年以上も待ちぼうけを食わされ、そのツケが復興の遅れとなり今日に禍根を残している。

もし今後似たような大災害があった時にも、このたびと同じように増税による新たな財源が確保されなければ必要な予算を組まないとの愚行を繰り返すのか。増税のために何カ月もの貴重な時間をいたずらに費やすのか。いや、それより前に、三年前の「増税なくして復興なし」としたばかげた方針がどういう経緯で決まったのか、少し冷静になった今日、政府及び与野党間で検証してみてもらいたい。

検証に際しては、菅内閣の閣僚の一人であった筆者もその作業に協力できることがある。当時の閣議やその後の閣僚会議に議事録はないが、補正予算の編成をめぐる数次にわたる閣僚間のやりとりは頭の中に鮮明に残っているからだ。

このところ大震災の教訓を踏まえるとの触れ込みで「国土強靭《きょうじん》化」が唱えられ、公共事業費の大幅増額が取り沙汰されている。それには巨費を要するが、その財源確保策として「国土強化増税」などという話は聞いたことがない。また、アベノミクスの第二の矢である公共事業「濫発」の財源は、何らの議論もないまま国債の発行に頼っている。

東日本大震災の復興と公共事業との間のこの格差はいかなる理由に基づくのか。いずれも主たる内容は土木建設事業で本質的な違いはない。しかるに、絶望に打ちひしがれた被災者と被災地のための復興予算にはあくまで増税を条件とする一方で、とかくムダが多いと陰口をたたかれる公共事業費の積み増しにはいとも簡単に国債を発行する。財源調達方法の違いを見るかぎり、復興より公共事業のほうが断然優遇されているとしか思えないのだが、それは本末転倒ではないか。

転ばぬ先の杖

震災直後は深刻に受け止めていたことも、そのうちその時分の真剣な気持ちを忘れてしまう。個人でもそんなことがあってはならないのだから、「貴重な教訓」を生かすべき政府はなおさらである。でも、三年たった今日、政府にも自治体にも忘れていることが多いように思う。

例えば、原発再稼働である。当面、原子力規制委員会の安全審査ばかりに注目が集まっているが、筆者は安全審査に合格するかどうかだけでなく、万一シビアなアクシデントに見舞われた時に適切な対応をとれるのかどうかが気にかかる。

規制委員会は津波への対応や活断層のリスクは念入りに点検しているようだが、将来それ以外の「想定外」の要因で事故が起きる可能性をも考慮しておくことが必要ではないか。政府や自治体が「想定外」の事態への備えをしておくことこそが「貴重な教訓」を生かすことだと思うのである。

話はとぶが、このところの集団的自衛権の議論の中で推進派がしばしば引き合いに出すのがアメリカへのミサイル攻撃である。曰く、某国がアメリカに向けてミサイルを撃った時、わが国はそれを撃ち落とすことができるのに、集団的自衛権を行使できない現状では傍観せざるを得ないと。そこで、集団的自衛権行使を可能にするため手っ取り早く解釈改憲でという筋書きになるのだが、そうであれば、某国がアメリカを狙い撃ちするなどという現実味の薄い事態を想定する前に、その同盟国である日本を狙うことのほうを心配すべきではないか。

日本を狙うとすれば、各地の原発は有力な攻撃目標となるから、某国かどうかはともかく原発がテロの標的にされることは念頭におくべきだ。そのうえで、テロ以外のいかなる事由であれ不幸にして全電源喪失とそれに伴うメルトダウンが起きてしまった時、事態をコントロールし被害を最小限に食い止める方策を整えておくのが、「貴重な教訓」を生かすべき国の責務であるはずだ。

メルトダウンを起こした福島第一原子力発電所の原子炉を冷やしたのは東京消防庁のハイパーレスキュー隊だった。特殊な資機材を有し、高度な訓練を重ねてきた精鋭隊である。彼らの注水が東日本を当座の危機から救ったといっても過言ではない。ただ、本来原子力防災は電力会社と国が対応することになっていたし、そもそも福島は東京消防庁の管轄外である。そこにあえて出動したのは彼らの勇気と使命感、それに当時の石原慎太郎東京都知事の英断があったからである。

では、今夏にも再稼働が予定される鹿児島県などで不測の事故が発生した時、果たして電力会社と国にこれを封じ込めるだけの能力があるか。福島と同じように電力会社も国も無力だった時、すぐ駆けつけることができる、東京消防庁ハイパーレスキュー隊のような精鋭隊が県内か近隣に存在するか。事故に対し拱手傍観するほかないなどという惨めなことにならないようあらかじめ確認しておくのが住民の安全を第一義に考える知事の責務であるはずだ。

ほかにもある。事故時の避難計画はできているか。原発周辺の無数の住民が避難する施設や仮設住宅を建てる場所のあてはあるか。避難者を運ぶバスなどの輸送手段は確保できるか。放射能の汚染地域でバスを運転する要員には決死の覚悟が必要だ。原子力防災訓練は真剣にやってきたか。これまでの政府の訓練がそうであったように、あらかじめ作られたシナリオに従い、知事や市町村長が「台詞」を読み合うだけの「学芸会」になっていはしないか。住民の一斉避難がうまくいくかどうか、一度でも実地訓練を試みたことがあるか。

もし筆者が原発立地県の知事だったとして、こうしたことをあれこれ考えると、原子力規制委員会が安全確認をしたからといって再稼働のゴーサインを出すわけには到底いかないと思う。転ばぬ先の杖で、関係道県の知事にも国にも、福島の事故の「貴重な教訓」を生かして、最低限ここにあげた懸念や疑念には応えられるようにしておいてほしい。

「反中国」の空気が見えなくさせるもの

（二〇一四・七）

二〇一四年五月、南シナ海における中国の石油採掘施設建設がベトナム各地で強い反発を呼び、激しい反中国デモが暴動にまで及んだ。現地で働く中国人が襲われ、数人が死亡し、負傷者は一〇〇人を上回るという。あわせて、台湾系の企業のほか日系企業も襲われたが、これは企業名の表示などに漢字を使っていることから中国系企業と間違われたことによるものだとマスコミは報じている。

さて、この事件に関する一連の報道に筆者は少なからず違和感を覚えている。まずその一つは、台湾や日本の企業が襲われたのは、本当に中国系企業だと勘違いされたことによるだけのことなのかという点である。

「漢字誤解説」は方便では

日本の企業がベトナムに進出し始めたのは昨日や今日のことではない。一九九〇年代からすでに本格化している。もし、「漢字を使う企業は中国系」という認識が今日のベトナム社会で一般的だとするなら、この四半世紀もの間、日本の企業は中国系企業だと誤解され続けてきたことになる。日本企業の知名度はそんなにも低かったのか。名にし負う経済大国でありながら、日本の存在感はかくも薄かったのか。漢字誤解説はにわかには信じがたい。

ベトナム社会には台湾や日本の企業に対する不満はないか。関係企業に雇用されている労働者の処遇はどうか。とりわけ、本国から派遣されている幹部社員と現地従業員との間のあまりにも大きい格差に対する複雑な感情はないか。

企業との雇用関係はなくても、同じアジア人でありながら、自分たちの身近なところで自分たちには手が届かない豪奢な生活を送れる人たちに対するルサンチマンは想像にかたくない。しかも、その人たちは自分たちの国を安価な労働力調達の場としか見ていない。日本はベトナムに対し「割のいい投資先」として以外に関心はないのかと、筆者は皮肉を聞かされたことがある。

このたびのデモはベトナムの排他的経済水域での中国の傍若無人の振る舞いに端を発していて、日本に向けられたものではない。ただ、年来デモなどの政治活動を禁じられていた国で、どうやらこんどばかりは政府も容認した抗議行動の渦中、その勢いと興奮が中国への当面の怒りを越えて、日頃のさまざまな不満のはけ口に転化したような面はなかったか。

ベトナムは中国と違って親日的で今後の投資先として頗る有望だというのが日本での通り相場で、その牧歌的なイメージは最近ではミャンマーなどにも及んでいる。だが、政治的にも経済的にも多くの困難を抱えている国を見る視点として、あまりにも一面的に過ぎるのではないかと筆者はかねが訝《いぶか》しく思っている。

経済界にしてみれば、このたびの日系企業襲撃事件によって投資先としてのベトナムの良好なイメージが損なわれることは避けたいだろう。幸いベトナム政府も強権でデモを抑え込んでくれたから、もう安心していい（本当は権力がデモを抑え込む国はさらに矛盾を内部に抱え込み、不安定さが増すのだが）。喉元すぎれば熱さを忘れるで、襲撃事件の背景やベトナム社会が抱えるややこしい問題には首を突っ込まず、早くもとの生活と仕事に戻りたい。「漢字誤解説」は、自分で自分を納得させたい人たちにとって格好の理由づけになるはずだ。そうした人たちへの取材で構成する記事の行間にこんな推理を働かせるのはうがちすぎだろうか。かつてベトナムは日本と同じ漢字圏の国だった。今でも古刹《こさつ》などに漢字は残る。姓名も地名ももともと漢字に由来する。ちなみに建国の父ホーチミンは胡志明と、世界遺産ハロン湾のハロンは下龍と書く。こんなことも「漢字誤解説」に疑問を抱く所以である。

大切な分別と礼節

もう一つ、マスコミ報道で、群衆が台湾や日本の企業を襲ったことを厳しく批判していたのは当然として、中国の企業が襲われたことへの怒りや同情がほとんど伝わってこなかったことに、筆者は違和感を覚えている。

中国は身勝手な振る舞いでベトナムの人々をひどく傷つけたのだから、中国の企業が群衆の怒りを買うのはやむを得ない。もし、マスコミ人がこんな認識を持っているとしたら、それは即刻改めてもらわなければならない。

先年中国で起きた反日暴動とそれに伴う日系企業への襲撃に対し、わが国の誰もが強い憤りを覚え、被災企業を思いやったはずだ。このたびのベトナムにおける事件でも、同じ憤りを襲撃者に向け、同じ思いやりを襲われた中国企業に寄せなければならない。たとえ中国のことを快く思っていなかったとしても、である。

いや、中国における反日暴動の原因とされた尖閣諸島の国有化では日本政府に非はないが、このたびの暴動の原因となった南シナ海の一件では中国側が一方的に悪いのだから、二つの事件を同列に論じるのは間違いではないか、と考える人もいるだろう。

たしかに、このたびは中国側に非があり、ベトナムの主張に理があるように思われる。しかし、たとえそうだったとしても、だからといって中国企業や中国人がベトナムで襲われていいということにはならない。彼らは南シナ海の一件とは無関係であって、彼らが中国人であるという理由で彼らに責任を負わせたり、彼らを罰したりすることは許されないからである。

このことに関して、ひとつのエピソードを紹介しておく。それは一九世紀の終わりの日本社会ないし日本人のありようとして、アメリカ人エドワード・モースによって記録されている。モースはいわゆる「お雇い外国人」の一人で、東京の大森貝塚を発見したことでつとに有名である。

一八八二年のことである。その年の七月朝鮮の漢城(今のソウル)で兵士の暴動が発生し、日本の公使館が襲撃され、公使館員らが虐殺される事件があった。後に壬午《じんご》軍乱と呼ばれる事件である。その頃日本に滞在していたモースによれば、「国中が朝鮮の高圧手段に憤慨し」、その興奮は彼をして「南北戦争が勃発した後の数日を連想させ」るほどだったという。

その事件からまだひと月も経たぬ頃、モースは神戸から京都へ向かう途中、二人の朝鮮人と同じ汽車に乗り合わせた。「目立ちやすい白い服装や、奇妙な馬の毛の帽子」で、彼らが朝鮮人であることはモースにも日本人にもただちに了解できた。

二人が大阪で下車したので、モースも京都までの切符を犠牲にしてまでその後を追った。彼らのことが気がかりだったからである。案の定、駅を出た二人を群衆が取り巻くことがあった。モースは気が気ではなかったが、その心配をよそに、群衆の中には「敵意を含む身振」も「嘲弄《ちょうろう》するような言葉」もついぞ発見することはなかったという。群衆は単に二人の身なりが珍しいので取り巻いただけであった。

モースは述懐する。「日本人は、この二人が、彼等の故国に於て行われつつある暴行に、まるで無関係であることを理解せぬ程莫迦《ばか》ではなく、彼等は平素の通りの礼儀正しさを以て扱われた」と。そしてモースは、南北戦争のさなか北方人が南方で酷《ひど》い仕打ちをされたことを思い浮かべ、「私自身に、どっちの国民の方がより高く文明的であるかを訊ねるのであった」と結んでいる。

以上はモースの『日本その日その日 3』(東洋文庫)に出てくる話である。筆者は明治の日本人の分別をわきまえた冷静な判断力と礼節を重んじる立派な態度を誇りに思うし、これを現代のほとんどの日本人も受け継いでいると思う。同時に、この分別と礼節を先年日本企業を襲った中国人やこのたび暴動を起こしたベトナム人、それに昨今中国政府や韓国政府への反発から中国人や韓国人をことさら見下し、口汚く罵る一部の日本人にもぜひ共有してほしいと願っている。

今ではない「赤字法人課税」

（二〇一四・一二）

二〇一五年度の税制改正論議を控えて、このところの新聞報道では「赤字法人課税」や「外形課税」にふれた記事をよく目にする。筆者自身も、赤字法人課税や外形課税に賛成か反対かなどと、マスコミから質問を受けることがある。赤字法人課税とはいかなる意味か、外形課税とはどういうことかと尋ねられることもある。たしかに、新聞などではこれらを無造作に使っていてわかりづらい。

先に結論をいうと、筆者は都道府県税である法人事業税の赤字法人課税ないし外形課税には基本的に賛成である。ただし、今のタイミングでこれを強行することには反対である。このことを明らかにしたうえで、以下にその理由を述べるとともに、甚だわかりづらい関連税制についても少しふれておきたい。

赤字法人課税も外形課税も、法人事業税の課税方式に関する議論の中で取り沙汰される。法人事業税は都道府県税のうちでもっとも重要な税である。

法人事業税は一部の例外を除き、基本的には法人の所得に対して課税される。所得に課税するのであれば、所得がない法人すなわち赤字法人には税負担が生じない。現行の法人事業税についてあえていえば、そもそもこんな用語はないのだが、「黒字法人課税」の仕組みである。赤字法人課税とは、この黒字法人課税の仕組みを変えて、赤字法人にも税負担を求める制度に移行させようという議論にほかならない。

本来は外形課税にすべき

黒字法人課税であれ赤字法人課税であれ、税とは要するに必要な税収を確保する手だてなのだから、そのいずれでも構わないという考えもある。現に国税の法人税は、法人の所得に課税する税であり、まさしく黒字法人課税である。

ただ、国税と異なり、地方税の場合には、自治体が提供する行政サービスに要する費用はできるだけ広く薄く地域のみんなで負担しあうとの基本理念がある。これを負担分任の原則といい、これに照らすと、原則として黒字法人にのみ負担させる現行の法人事業税の仕組みは決して望ましいものではない。

都道府県が企業に提供する行政サービスをあげると、直接的なものとしては投資なども奨励する支援策や低利融資制度などの産業政策がある。また、間接的なものの例としては道路や港湾などの整備をあげることができる。企業は日常これらを利用して原料や製品を運搬しているが、もしこうした公共施設が整備されていなければ、企業活動は大きく停滞する。

さらに、例えば警察行政からも法人は恩恵を受けている。もし、治安が悪くて凶悪犯罪が多発するような地域であれば、企業は安心して業務に勤《いそ》しむことなどできないだろう。

こうした行政サービスの恩恵は、黒字企業であっても赤字企業であっても多かれ少なかれ受けている。赤字になったら道路も港湾も利用しないなどということはないからだ。

こうした事情があるのに、都道府県の財政を支えている事業税の負担は原則として黒字企業だけが担い、赤字企業はそれを免れるという現行の仕組みは明らかに不公平であり、違和感を覚えざるを得ない。しかも、黒字企業は法人のうち三割ほどしかなく、残りの七割の企業はいわばフリーライダー化しているといっても過言ではない。赤字法人課税論が主張される所以でもあり、背景でもある。

では、赤字法人にも課税するにはどうすればいいか。所得に替えて何を基準に課税するかだが、先の負担分任の原則からすると、行政サービスによる受益の程度に応じて法人が税を負担しあう制度がもっとも望ましい。

受益の程度を計る基準についてはいくつかの考えがあるが、一つには法人の事業活動の量に応じて負担を求めるのが合理的だろう。事業活動の量は法人が一定期間に生み出した付加価値によって推定されるから、その多寡に応じて課税する仕組みにすれば、公平性の観点からの違和感は解消される。

一般に、付加価値は従業員への賃金のほか、企業が支払う利子や地代及び家賃、それに企業の利潤で表されるから、これらを対象にして薄く広く課税すればいい。所得に替わるこうした基準によって課税する仕組みを、法人事業税の「外形課税」ないし「外形標準課税」とこれまで呼び習わしてきた。したがって、赤字法人課税といい外形課税といい、意味するところは同じである。外形課税の仕組みに切り替えれば、結果的に赤字法人課税になるということである。

ともあれ、これによって黒字企業も赤字企業も、それぞれの事業活動の規模に応じて公平に税を負担することになるし、都道府県の税収も安定する。所得に応じて課税する仕組みのもとでは、景気がいい時には税収が伸びるが、逆に景気が落ち込んだ時には税収は激減する。法人を含めた住民サービスを本務とする自治体の税を安定化させるという面でも外形課税は合理性を有している。

タイミングを誤ると不公正に

では、現時点で法人事業税を外形課税化することに諸手をあげて賛成するのかといえば、必ずしもそうではない。むしろ今はやめるべきだと考えている。

政府は法人税を減税する方針を決めているが、当然のことながら法人税を減税すれば国と自治体の税収すなわち財源が減るので、どこかで代替財源を確保して穴埋めしなければならない。法人税減税自体やその穴埋め必要論には甲論乙駁、賛否両論あるのだが、とりあえず議論はすでにそこまで進んでいる。

その穴埋めの代替財源確保策として浮上しているのが法人事業税の外形課税化すなわち赤字法人課税にほかならない。いささか複雑になるのだが、実は現在でも一部の企業には外形課税が導入されている。資本金一億円以上の大企業を対象に、その税額計算について部分的に付加価値などを基準にして課税する仕組みが設けられているのである。

したがって、今次の外形課税化の議論を具体的にいえば、その大企業について外形基準で課税する部分の割合を増やすという面と、資本金一億円以下の中小法人にも外形課税を広げるという両方の意味が含まれている。

では、一連の税制改正を実現させたらどういうことになるか。法人税減税で利益を得るのが黒字企業であることは言うまでもない。わけてもアベノミクスによる円安の効果を一身に受ける輸出関連企業にとってメリットは著しく、これらは総じて大企業である。

逆に、法人事業税の課税方法の変更でダメージを受けるのは赤字企業であり、中小企業の多くがこれに該当する。しかも、輸出に関係のない企業は原材料費の価格上昇という円安のデメリットだけをもろに受けていて、それが赤字を増す要因にもなっている。ちなみに、赤字企業には国税の法人税減税のメリットは何もない。

前者は円安効果と減税政策によりタナボタ式に二重の恩恵を受け、後者は円安の副作用と法人事業税の課税方法の変更でダブルパンチを食らわされる。正確にいうと、黒字企業のほとんどは法人事業税の課税方法の変更によっても減税になるから、前者は三重の恩恵を受けるといえる。どうみても前者は強く、後者はすこぶる弱い立場であるのに、政治はとことん強いほうに味方し、そのしわ寄せを弱いほうに押し付けようとしている。何ゆえに格差をことさら拡大しようとするのか。これでは、およそ公正な政治とはいえない。

繰り返すが、筆者は法人事業税の外形課税化には基本的には賛成する立場である。それが公正な課税方法だと考えるからだ。しかし、このたびの法人税減税と抱き合わせでこれを進めれば、かえって不公正を助長することになるから、到底賛成はできない。

では、いつこれを導入したらいいのか。それは大企業ばかりでなく多くの中小企業も黒字に転換した時こそがふさわしいタイミングだと考える。その時には、反対よりもむしろ賛成する中小企業も多くなっているだろう。そうした経済環境をつくることにこそ、政治は力を注ぐべきだと思う。

空虚で矛盾だらけの解散会見

（二〇一五・一）

二〇一四年一一月二一日、衆議院は解散された。安倍晋三首相によるこのたびの解散は、「大義がない」「人気が下がる前の駆け込み選挙」「政治資金疑惑封じ込め」などと悪評が飛び交っている。主要な新聞の世論調査を見ても、解散総選挙を是とする人よりも、解散理由がわからないと答えている人のほうが断然多い。

通常の解散であれば、その前に法案をめぐる与野党間の激しい対立や与党内部のごたごたなどで、解散に至った理由と背景は自ずと了解される。例えば、小泉純一郎首相は、郵政民営化法案を参議院が否決した日に衆議院を解散した。参議院の議決が気に入らないからといって衆議院を解散するのは明らかに筋違いであり、解散理由はこじつけである。ただ、この際衆議院議員選挙で国民の圧倒的な支持を得ることによって参議院をねじ伏せたいのだなと、ことの良し悪しは別にして、解散の意図は誰の目にも明らかだった。その夜の会見を通じて総理の気迫も十分伝わってきた。

ところが、今回の解散は、総理の会見を聞いても解散の大義も必然性も筆者にはさっぱりわからない。筋違いでもこじつけでもいいから何か見つけられないかと、一一月一八日に解散を予告した時の会見録及び実際に解散した二一日の会見録のいずれをも丹念に当たってみたものの、そこには何も見出せない。むしろ、空虚で矛盾だらけの説明と総理の言葉の軽さだけが印象的だ。

意味不明の「代表なくして課税なし」

安倍総理は「消費税の(一〇%への)引き上げを一八カ月延期すべきであるということ、そして平成二九(二〇一七)年四月には確実に一〇%へ引き上げるということ」について、国民の判断を仰ぎたいと言う。「国民生活に大きな影響を与える税制において重大な決断をした以上、どうしても国民の皆様の声を聞かなければならない」というのが、解散のもっぱらの理由だと言いたいようだ。

その際、引き合いに出したのが「代表なくして課税なし」で、これは「アメリカ独立戦争の大義です」と強調する。これになぞらえて、だから消費税の引き上げを一八カ月間延期することについて国民の声を聞かなければならないと言いたいのかもしれないが、その意味がとんと理解できない。

「代表なくして課税なし」は、確かに総理の言うようにアメリカ独立戦争の時のスローガンだ。アメリカがまだ英国領だった当時、アメリカの人たちは本国の議会に代表を送ることを許されていなかった。しかるに、英国議会はアメリカに対して次々と税を課してくる。このことを不服とする人たちが唱えたのが「代表なくして課税なし」で、自分たちの代表が加わらない英国議会が決めた税制は自分たちには無効だというのがその本意である。

さて、こうした背景を持つ「代表なくして課税なし」と、このたびの解散総選挙とどう結びつくのか。全国津々浦々、日本国民は国会に代表を送っている。その国会が二年前に決めた消費税増税について、最近の経済情勢をにらんで増税時期を延期する。このことをやはり国会で決めたい。総理の

「重大な決断」とは、突き詰めていえばただそれだけのことである。自分たちの代表である国会が、税制を変更するために法律を改正する。国民の間でそのことに賛否はあったとしても、国会が税制を決めることには手続き上なんら問題はない。

ちなみに、憲法は「あらたに租税を課し、又は現行の租税を変更するには、法律又は法律の定める条件によることを必要とする」(第八四条)と規定している。これは租税法定主義と呼ばれる理念を憲法に具現化したものである。税制はそれこそ「国民生活に大きな影響を与える」ので、首相や政府に勝手に決めさせてはいけない。あくまでも国民の代表である国会が定める法律によらねばならないという意味である。

憲法も、税制は国会が決めることだとし、あえて選挙で国民の信を問うことまで求めてはいない。まして、このたびの「重大な決断」は新税を起こすとか、税率を引き上げるなど、国民の税負担を増大させるものではない。あくまでも法定されている増税の時期を遅らせるという程度のことだから、国会で合意が得られればそれでいい。首相が大見得を切って解散総選挙に持ち込むほどのものでは毛頭ない。

まさしく「信なくば立たず」

百歩も千歩も譲って総理の心情をとても善意に忖度《そんたく》してみると、「そうはいっても、税制のあり方は大切だから、たとえ税負担の軽減につながることであっても、丁寧に国民の意見を聞くべきだ」ということかもしれない。その志やよし。

ただ、これを素直に信用するわけにはいくまい。首相は消費税のあり方については選挙を通じて国民の声を聞きたいと突如言い出したが、先に決めた法人税の減税についてはどうだったか。選挙はおろか国民の声など一切聞こうとしなかったではないか。

すでにそれに先行して復興法人税を早々に廃止し、法人の税負担を軽減させてもいた。その際、個人の復興所得税は残したまま法人だけ優遇することに対し国民の間に強い批判があったにもかかわらず、そんなことはお構いなしに法人税本体の減税方針までも決めてしまった。その「実績」とこのたびのいつにない低姿勢とはあまりにもかけ離れている。

総理は「私たちが進めている経済政策(アベノミクス)が間違っているのか、正しいのか」を国民に問いたいとも呼びかける。「景気回復、この道しかない」のだから、選挙で決着をつけて、そのうえで自信を持って「この道」を進ませてくれと言いたげだ。

一般論として、選挙でこうした選択を国民に迫ることはあり得る。ただ、それは政権が正しいと思っていることが、国会の事情で前に進められないときのことだ。では、そのような事情が今みられるかといえばそんなことはない。一強多弱の国会で、もちろん野党から反対意見は出るものの、与党が通したい法案はほぼ順調に仕上がっている。

アベノミクス関連法で国会を通らなかった法案として労働者派遣法改正案や女性の活躍推進法案があげられるが、これらは皮肉なことに衆議院解散で審議時間がとれなくなったことに起因している。

現下与党は衆参両院で多数を占めている。その与党が「この道しかない」というのであれば、どうして国会における好条件を生かして、「この道」をひたすら進もうとしないのだろうか。この道を進んでいいかどうか、あえて国民の声を聞きたいというのは、見かけによらず自信がないからなのか。ひょっとして、このままアベノミクスを進めると、経済も財政も泥沼に陥り、国民に塗炭の苦しみを舐めさせることになりかねないと密かに案じ、そこで今度の選挙を通じて国民にその覚悟を迫ろうとしているのではと、勘繰りたくもなる。

最後に、総理が会見で触れなかったが大切なことがある。国会議員の定数削減である。これは消費税増税のいわば条件であり、国民への約束だったはずだ。これに手を付けないまま消費税率はすでに八％に引き上げられ、さらに一〇％への引き上げをいつにするかという議論だけがなされている。

関連して、一票の格差についても抜本的な是正はなされていない。これは法の下の平等に反していて、国民がバランスよく国会に代表されていないことを意味する。実は総理が持ち出した「代表なくして課税なし」は、この不平等への警鐘としては大いに意味がある。自分たちの地域からは正当な数の代表を国会に送ることを許されていないのだから、その国会で決められた税制は自分たちの地域では有効性に疑義がある。こんな主張があり得るからだ。

総理は「信なくば立たず」と語りかけた。これまた、その言やよし。ならばまず隗より始めよで、総理自身がこの言葉を噛みしめなければなるまい。

こんな選挙ではいけない

（二〇一五・二）

権力の正当性が問われる

勝つためなら、あの手この手で何をやってもいい。二〇一四年暮れの衆議院解散総選挙から受けた印象である。それはあたかも、地域振興のためならカジノでもなんでもギャンブルを誘致しようという浅薄さと相通ずるところがある。

ギャンブルが成り立つのは、一方に必ず金を「磨《す》る」人がいるからで、中にはそれで財産を失う人も出てくる。仕事を失い、家庭は崩壊し、家族が路頭に迷うかもしれないが、他方でいくばくかの雇用が発生し、地域の振興につながればそれでいい。ギャンブルで身を持ち崩す人がいてもそれは自己責任であって、誘致した側が悪いわけではない。国民生活の安定を志すべき国や自治体がこんな考えを持っているとしたら、それは明らかに間違っていると思う。

権力者の都合で突如衆議院を解散してしまう。安倍首相は「国民の信を問う」といきがったが、いったい何を国民に問いたかったのか、定かではない。国会がにっちもさっちもいかないほどもめた風もない。権力の座にある政治家の身勝手な振る舞いにあきれた多くの国民は、いきおい選挙に対する関心を失わざるを得ない。

これでは有権者の関心と信頼の上にしか成り立たない民主主義の基礎を蝕《むしば》みかねないが、そんなことはお構いなしで、ただ自分たちが勝ちさえすればそれでいい。選挙に関心を持たず、投票にもいかないのは、自分で権利を放棄しているのだから自己責任であって、決して政治の側が悪いわけではない。民主主義の申し子であるべき政治家たちがこんな考えだとすると、これも明らかに間違っている。カジノ誘致と今次の解散総選挙にはどことなく通底するところがある。

このたびの解散総選挙にはある種の「なじみ感」がある。その一つは、二〇〇五年の小泉純一郎総理による郵政民営化を争点とした解散総選挙である。解散に当たっての安倍総理の物言いやしぐさ、演出は小泉元総理のそれを意識していたに違いない。

ただ、少なくとも筆者には、安倍総理の発言から解散総選挙を実施しなければならないだけの必然性は何一つ伝わってこなかった。むしろ、大仰な身振り手振りで熱弁をふるえばふるうほど、話している内容の乏しさとの間のギャップが印象づけられ、ある種のもの悲しさを覚えずにはいられなかった。

「なじみ感」の二つ目は、二〇一四年一一月にウクライナ東部ドネツクなど親ロシア派が支配する地域で行われた「議員」や「首相」を選ぶ「選挙」である。そこでは、当座の権力を持つものが自分に都合がいいように、勝手に「選挙」を実施した。これで民主主義の基礎が成り立つとも思えないし、それによって生まれた権力に正当性は伴わない。

ドネツクの「選挙」とこのたびの解散総選挙とを一緒くたにするのは飛躍がありすぎるとの反論はあるだろう。前者は武力で違法に出来上がった権力であり、後者の安倍政権は合法的に形成された権るではないか。

力である。前者の投票はまさしく勝手にやったものだが、わが国の総選挙は憲法の規定に基づいていただ、よくよく考えてみてほしい。たしかに、安倍総理は憲法が定める手続きに基づき、国会において首班指名を受けて総理の座に就いている。しかし、総理の権力基盤である国会は、衆議院も参議院もその定数配分が著しく公平さを欠いていて憲法違反の状態だと、憲法の番人である最高裁判所から何度も指摘されている。国民を代表する正当な国会とはみなされていないのである。

国会が憲法上の正当性について司法に疑義を持たれる存在だとすれば、論理上そこで選出された権力すなわち総理の正当性にも疑問符がつかざるを得ない。政府の最高権力者の権力基盤がゆらいでいるのである。ここは何をさておいても、権力の正当性を回復させるべきで、そうでなければ民主政治はその基盤を失いかねない。この問題を解決することは、消費税をどうするとか、アベノミクスがどうだとかという以前の、現下わが国の最重要課題であるはずだ。

民主主義の申し子ならきっとそう考えると思うのだが、当の総理が国会を解散し、この先また正当性を疑われる衆議院を形成し、それを通じて自らが権力の頂点に立ち続ける。事情に違いがあるとはいうものの、やってはいけない選挙を行うことで自らの権力基盤を固めようとしている点において、ドネツクの地方権力と似通ってはいないか。

大義も根拠もない解散

国民の代表によって構成される国会は、国権の最高機関である。この最高機関を構成する衆議院議員の首を任期半ばにして切ってしまうのが解散だから、解散はよほどのことがあってはじめて許されるはずだ。さしたる理由もなしに簡単に首を切られるほど軽い存在であるなら、国権の最高機関などと称されるはずがない。

憲法には衆議院の解散に関する規定が二カ所ある。一つは第六九条で、ここでは衆議院で内閣不信任決議案が可決された場合、または信任決議案が否決された場合には解散することができるとされている。国会に信を置く内閣がその信頼を失ったのだから、まさしく「よほどのこと」である。

もう一つは第七条で、憲法改正や法律の公布など一〇項目が列挙されている天皇の国事行為の一つに衆議院の解散があげられている。それには何も条件が付されていないから、国事行為一般の要件としての内閣の助言と承認さえあれば解散できる。字面上そう読もうと思えば、読めなくもない。今回も含めてこのところの解散はすべてこの第七条を根拠にしている。

以下に述べることについては、残念ながら必ずしも多くの人に共感してもらえないのだが、筆者はこの第七条を根拠にした解散は憲法違反だと考えている。理由の一つは、解散には「よほどのこと」がなければならないのに、第七条を根拠に解散できるとすれば、何はなくとも時の総理の思いつきや思惑で好き勝手に解散できてしまう。これでは衆議院が本当に軽い存在になり下がる。まさか憲法がそんなことを想定してはいないはずだ。

理由の二つ目は、もし天皇の国事行為として、それのみを根拠にして衆議院を解散できるのだとすると、論理的には法律の新設やその改正も天皇の国事行為として公布できることになるし、とんでもないことに憲法の改正でさえ国事行為だけで簡単にできてしまいかねないからである。

もちろん、そんなことができないことは明らかだ。法律の制定改廃は国会で可決成立しなければ公布には至らない。憲法改正も国会の発議とその後の国民投票の手順を踏まなければ成立しない。いずれも、事前の手続きを経て正式に決められたものについて、それに威厳と箔をつけるために天皇が最終的に仕上げを行う。これが国事行為の意義である。

衆議院の解散についても事情は同じで、憲法第六九条の要件が備われば解散できるのだが、それが国権の最高機関を構成する国会議員の身分を失わせるという大それたことでもあるので、憲法改正などと同じく天皇の国事行為に位置づけられている。

ちなみに、地方自治体の議会にも解散の仕組みがある。議会で首長に対する不信任決議が可決され、または信任決議が否決されたときに起こり得ることで、この地方自治法上の仕組みは、憲法第六九条と平仄《ひょうそく》が合っている。ただ、自治体には国における天皇に該当する存在がないから、条例の制定改廃の公布などとともに議会の解散も首長が行うこととされている。

もちろん、いずれの場合にも、そのもととなる事実が存在しなければ、首長はそれらの行為をなし得ない。議会が条例の制定改廃の手順を踏んで決めた結果を首長が公布するし、不信任などの議決があってはじめて議会を解散することができるのである。

法律の公布は国事行為だけではできないが(当然のことだが)、国会の解散は憲法第六九条の事実がなくとも国事行為としてなし得る。こんな憲法解釈が理屈に合わないことは、地方自治法上の仕組みと照らし合わせてみると、より理解しやすいだろう。参考までにいえば、自治体の基本法である地方自治法は、昭和二二(一九四七)年五月三日、憲法と同日に施行された法律である。

かつて、第七条による解散の合憲性については司法の場で争われたことがある。一九五二年のいわゆる苫米地《とまべち》事件訴訟である。衆議院の解散により衆議院議員の職を失った苫米地義三氏が任期満了までの職の確認と歳費の支給を訴えたのである。これについて当時の最高裁判所は、衆議院の解散のように「高度に政治性のある国家行為」について、司法はそれが有効か無効かの判断をしないとしてしまった。

まことにおかしなことである。というのは、そもそも最高裁判所は、「一切の法律、命令、規則又は処分が憲法に適合するかしないかを決定する権限を有する終審裁判所」だとされていて(憲法第八一条)、そこに例外はない。ところが、政府が行った衆議院の解散という「処分」については判断しないというのであるから、明らかに最高裁判所の怠慢であり、司法の自殺行為だといっても過言ではない。

最高裁判所はどうしてこんな不様な醜態をさらしたのか。もし、この時の解散が憲法に照らしてなにも問題がなければ、判決において「合憲」で「有効」だと明示したに違いない。そうできなかったのは、どうみても「合憲」だといえないからで、さりとて当時の政治状況や司法と政府の力関係からして「違憲」だとするのも憚られた。そこで苦し紛れに逃げてしまったというところだろう。

もし、今日の時点で同種の訴訟が提起されたとして、司法は果たしてどう判断するだろうか。憲法第七条のみに基づく解散があるたびに期待するのだが、解散前の現職議員の誰かが苫米地訴訟と同じように、憲法第六九条によらない解散は無効だと主張し、任期満了までの衆議院議員としての地位を確認すべく争ってみてはどうか。今の最高裁判所なら当時よりもう少し気骨があると思うのだが。

争点が呈示できていない

このたびの総選挙では、有権者の関心を引き付け、投票所に足を運んでもらうに足りる争点が具体的にしつらえられることがなかった。これはもっぱら最大野党である民主党の責任だと思う。

安倍政権が当初解散総選挙の大義だとした「消費税引き上げ先延ばし」はもとより争点にはならない。どの政党も引き延ばしに反対していないからだ。そこで、安倍総理は今次の解散は「アベノミクス解散」だと位置づけ、その負の側面には触れず、ただ実績のみを誇ったうえで、もう「この道しかない」と力んで見せた。

それに対して民主党は、アベノミクスの恩恵を受けているのは一部の大企業だけで、中小企業や地方には行き渡っていないと反論した。自民党が雇用を一〇〇万人創出したと喧伝すれば、いやそれは非正規職ばかりで、雇用の質は劣化していると批判する。

民主党の言い分に対して、自民党は、中小企業や地方にはこれから行き渡るようにすると、有権者に期待を持たせる。また、正規・非正規の問題では、たしかに増えた雇用は非正規かもしれないが、増えただけましなはずだ、民主党政権時代にはちっとも増えなかったではないかと、揚げ足をとる。結局、この問題で上っ面の論争をしてみたところで、水掛け論に終始するほかない。民主党の海江田万里代表は選挙戦の最終局面で、「本当に「この道しかない」のでしょうか」と訴えていたが、これではもはや戦う術がないことを自ら告白しているようなものだった。

本来、野党第一党の民主党は、政権側が示した「アベノミクス解散」の枠組みに乗って戦うのではなく、政権与党の弱みを衝く戦術に出るべきだったのに、それができなかった。政権与党への批判を通して有権者を引き付ける論点はいくつもある。原発再稼働と原発輸出、集団的自衛権に関する解釈改憲、TPPなどである。これらに疑問を抱く有権者は多く、それは自民党と公明党の支持母体の中にも及んでいる。政権与党を攻撃するには格好の武器となり得たはずだ。

しかし、民主党はこの武器を前面に持ち出すことはなかった。例えば、原発についてマニフェストでは、「安易な原発再稼働」を批判するものの、再稼働そのものに対する見解は定かでない。安易でなければ再稼働には反対しないのだなと読み取れる。

この点について、興味深いデータがある。先にも取り上げたことのある毎日新聞社が行ったボートマッチ「えらぼーと」である。そこでは、このたびの総選挙の争点になり得る重要課題について、各候補者がおおよそどう考えているかが窺える。

それによると、「原発は日本に必要だと思うか」という問いに対する民主党候補者の回答は「必要だ」と「必要でない」がまちまちで、しかも、どちらとも答えない候補者が数多くいた。どちらとも答えない候補は、本音では「必要だ」と思っていても、有権者にそれと知られたくないので曖昧にしたということだろうか。ちなみに、海江田代表も、どちらにも該当しないと答えている。ともあれ、党内でこの問題についての考えがまとまっていないのだから、原発問題を一大争点に掲げて選挙を戦うに至らなかったのも、むべなるかなというほかない。

集団的自衛権についても似たようなことが言える。民主党はマニフェストでは「集団的自衛権閣議決定の撤回」を主張した。では、もし閣議決定を撤回させ得たとして、その後どうするのか。集団的自衛権の行使自体についてどう考えているのかがわからない。案の定、「えらぼーと」によれば、「集団的自衛権の行使に賛成か、反対か」の問いに対し、民主党は幹部の間で見解が大きく割れている。結局は「閣議決定」という手続きは厳しく批判できても、集団的自衛権そのものについての議論を展開することができなかった。この面での存在感が薄かった所以だろう。

消極的姿勢が目立った野党第一党

政治と金の問題も本来であれば大きな争点になり得た。解散前の国会では、小渕優子経済産業大臣の後援会などのでたらめな収支報告書のことが取り沙汰された。しかし、民主党は選挙でこの問題を取り上げて自民党に打撃を与えることもなかった。それを象徴するのが、小渕議員の選挙区である群馬五区に民主党候補を立てなかったことである。

あれほど激しく批判の矛先を向けていた小渕候補に、党として誰も対抗馬をぶつけることができず、彼女を悠々当選させてしまった。これは、その選挙区において政治と金に厳しい目を向ける有権者の票を取り込むことができなかっただけでなく、ここでの論戦が全国に報道されることによって得られたであろう他の選挙区における自民党への批判票をも失うことになったはずだ。政治と金を取り上げれば民主党自身にも批判が跳ね返るリスクを恐れたのかもしれないが、あまりに消極的な姿勢はいかがなものか。これでは、政治と金の問題に民主党が蓋をしたと言われてもしかたがない。

消極的といえば、安倍総理のお膝元の山口四区にも民主党は候補者を立てていない。アベノミクス批判を展開するには格好の選挙区だったのに、である。そこは民主党が「アベノミクスの恩恵が及んでいない」と主張する典型的な地方の一つでもあったはずだ。民主党は二年前(二〇一二年)の総選挙で大敗北したことの後遺症からいまだ脱しきれず、多くの選挙区に候補者を用意するだけの体力がない。したがって、負けが決まっている選挙区に候補を立てる余裕がないという事情はあったのだろう。しかし、論戦がしやすく、かつ、注目される選挙区には、多少無理をしてでも候補者を擁立すべきではなかったか。

かたや自民党は、民主党の代表や幹事長などの選挙区に猛攻撃を仕掛けたという。良し悪しは別にして、その気迫と執念において、民主党は戦う前から自民党に気おくれしていたというべきだろう。

一強多弱の危うさが指摘される今後のわが国の政治において、野党第一党の民主党の役割は重要である。その役割を果たせるかどうかは、このたびの選挙を通じて露呈した民主党の病理を取り除くことができるかどうかにかかっている。重要問題に対する党内の意見をまとめる、政党としての組織を強化し体力を涵養するなどである。次回以降の選挙を「こんな選挙」にしないためにも、それに向けた努力が期待される。

米軍基地の辺野古移設が問うもの——国、首長、地方議会の役割とは

（二〇一五・六）

沖縄県普天間飛行場の名護市辺野古への移設問題は、二〇一五年四月菅義偉《すがよしひで》内閣官房長官に続いて安倍首相が翁長雄志《おながたけし》知事と初面談した後も、一向に解決の兆しは見えない。政府に対する沖縄県の不信感は募るばかりのようだ。前年一一月の知事選挙後、翁長新知事からの面会要請に官邸が頑なに応じようとしなかったことが、事態をより悪化させたとの印象を拭えない。

辺野古への移設反対を公約に掲げて圧勝した翁長知事は就任早々、仲井眞前知事が行った埋め立て承認に瑕疵《かし》がなかったかどうか検証作業を進めることとした。その検証が終わるまで、防衛省によるボーリング調査を中止してもらいたいと政府に要請した。

しかし、それを受けた政府は、作業を「粛々と」進めるとの一点張りで、一切聞く耳を持たない。まるで知事選挙などなかったかのような態度はいかにも傲慢だし、とかく選挙から超然としたがる官僚的な振る舞いだとも思う。政府は、前任知事による埋め立て承認手続きについて「瑕疵はない」と繰り返した。それほどの自信があるなら、「どうぞ気の済むように検証して下さい」というぐらいの度量があってもよかったように思う。

検証の結果、案の定手続きに瑕疵がなかったことが明らかになれば、爾後《じご》は晴れて堂々とボーリン

グ作業も埋め立て工事もできるだろうから、そのほうがよほど賢明だったはずだ。政府にそうした余裕が見られないのは、やはり何らかの後ろめたい気持ちがあるからではないか。そう勘繰りたくもなるのは筆者だけではなかろう。

前任者の時代の点検は当たり前

新たに就任した首長が前任者の政策や判断を検証したい気持ちは、知事職を務めたことのある筆者にもよく理解できる。筆者は、鳥取県知事就任直後、前任知事の時代に決められていた方針やそのもとで進行中の施設建設プロジェクトなどを中止したり大幅に規模縮小したりした経験がある。

もちろん、簡単には変えられないこともある。すでに法的な手続きを適正に踏んだうえで一定の結論が出されていて、その結論にしたがって事態が進行しているような場合である。その結論を安易に破棄した場合、それによって関係者に著しい不利益を与える可能性があるし、その関係者が訴訟に持ち込めば、こちらが敗訴する可能性が高いからである。

ただし、その結論に至る過程に重大な錯誤や瑕疵があれば話は別である。錯誤や瑕疵の内容によっては、結論自体を取り消すのが妥当なこともある。自らの経験から一例をあげると、知事就任前に鳥取県では一つの大型ダムを建設する計画が進行していたが、結局はそれを中止した。もとより、唐突に中止したのではなく、半年ほどかけて検証したうえでのことである。

検証の結果、ダム建設を決めた際の重要なデータに誤りがあったことが判明した。治水上の観点からはダムによらず河川改修という手法もあるが、河川改修のほうが割高なので割安のダムのほうを選択するとの説明がなされていた。ところが、その優劣を比較した根拠をあらためて吟味すると、明らかにダム建設を優位だと思わせる操作がなされていたのである。

そこで、そのことをマスコミに公表するとともに、ダム建設を中止したい旨を県議会に諮ったところ、自民党から共産党まで議員全員が賛成した。ちなみに、当時の建設省は当初ダム建設中止に強い難色を示していたが、検証結果が明らかになった段階では事業の撤収や後始末に協力してくれるようになっていた。関係者からの訴訟なども起こらなかった。

話を沖縄のことに戻す。新知事は、移設反対の公約を掲げて圧勝したからといって、埋め立て承認を即座に取り消すなどという乱暴な行為に出ているわけではない。あくまでも承認に至る過程に瑕疵がなかったかどうか検証したいというのだから、穏健かつ常識の範囲内である。

はたから見ていても検証するに値することはいくつもあるように思われる。例えば、埋め立て承認の判断が下される直前のことだが、折しも沖縄振興予算の増額が決まったことを受けて、当時の仲井眞知事は「これはいい正月になる」とテレビカメラの前で顔を綻《ほころ》ばせていた。国の予算増額が知事の埋め立て承認の判断に歪《いびつ》な影響を与えるようなことはなかったか。あったとしたら見過ごすわけにはいかないだろう。埋め立て承認の是非が、予算増額の「お返し」として決められるようなことがあってはならないからである。

重要なことは議会で決めるべき

そもそも仲井眞知事は二〇一〇年の二期目の選挙の際は、辺野古移設反対を唱えていた。ところが、その任期中にさしたる説明もないまま移設を容認した。もとより、公約は絶対に変えることがあってはならないというものではない。事情の変更はあり得る。ただ、有権者に対してその間の事情は明らかにしなければならない。それが政治家の説明責任というもので、それが軽んじられるのであれば、選挙を通じて代表を選ぶという政治システムは国民から信頼されないし、機能不全に陥りかねない。

埋め立て承認の考えを明らかにする頃、仲井眞知事は体調がすぐれないと伝えられていた。政治家は体調がすぐれない時に重要なことを決めるべきではない。どうしても悲観的になり、それが当人の判断に影響を与えるからで、これは内外の政治史から得られる教訓である。果たして、知事の体調不良と承認の判断との間に何らかの因果関係はなかったか。

検証は検証として、この際問題提起しておきたいことがある。自治体の重要な事項については、首長に決定権を委ねないほうがいい。首長が判断するにしても、その是非を議会があらためてチェックし最終決定する仕組みにすべきだということである。大事なことは一人ではなくみんなで決めたほうがいい。

一般論であるが、一人が決めるとなれば、そこには独断や思い込みが内在する可能性がある。気の迷いが生じることだってある。それこそ体の具合が悪いと気弱にもなる。政治的な思惑や経済的な利得が介在することも考えられるし、特定の人物や組織の意向に大きく左右されることもないわけではない。また、困るのは首長がその任期終了間際にいわば駆け込み的に「残務処理」をして去っていくことである。仲井眞知事が退任の直前に、埋め立て工法の変更を承認したのがそれに該当するかどうかはわからないが、筆者には前任知事のその種のことに苦労させられた経験がある。

こうしたことを防ぐためにも、重要なことは一人ではなく複数人で構成される議会で決定する仕組みにしておくべきである。件《くだん》の埋め立て承認の権限も法律上は知事の権限に属しているが、地方自治の仕組みではこれをあえて県議会の議決事項とすることが認められている。決定権を議会に移すことは、はしなくもこのたびの国の「言い分」にも合致する。国の側は新知事の「検証」を批判する論拠として、知事が交替したことで、それまでの方針が変わるようでは困るという趣旨のことをあげていた。安定性が大切だということであり、それはそれでもっともである。その批判に応える意味でも議会に決定権を移すのがいい。そうなると、首長が替わったからといって、その自治体の方針が直ちに大きく変わるなどということは防げるだろう。

ただ、国の側のこの沖縄批判は天に唾をするようなものでもある。憲法解釈変更のことである。首相が交替したからといって、憲法解釈がコロッと変わるのでは国民はたまったものではない。憲法を変えるのであれば衆参両議院の三分の二以上の賛成で国会が発議し、その後国民投票に付すべしとの規定がすでに憲法に規定されているのだから当然その手順を踏むべきである。胸に手を当ててみればよくわかることだと思うが、念のためにあえて付け加えておく。

新国立競技場をめぐるドタバタ――舛添知事にも落とし穴が

（二〇一五・八）

二〇二〇年東京オリンピックのメイン会場となる新国立競技場の建設が迷走している。東京都の舛添要一知事はこの問題をめぐる政府の無責任な対応を厳しく批判している（二〇一五年五月二六日知事定例会見録）。一連の報道を通じて伝えられていることについての感想をいえば、不可解で理解しがたいことだらけである。聞けば聞くほど唖然とさせられる。はてさて、この先いったいどうなることやら。

まず、この競技場建設オペレーションを統括する最高責任者は誰なのかがよくわからない。東京オリンピック組織委員会の森喜朗会長が随所に登場するが、どうみてもこの人ではない。では、施設の運営主体とされる日本スポーツ振興センター（ＪＳＣ）の理事長が責任者かと思ったら、実質的な責任者ではなさそうだ。当事者能力がとんとないとの印象を受ける。

この問題が取り沙汰されるたびに文部科学大臣が記者会見などで責任者然とした発言を繰り返している。ただ、いわくつきの基本設計コンペなどはＪＳＣが実施しており、工事の発注も文科省が担うわけではないから、大臣が正式な責任者だとはいえない。

この種の巨大プロジェクトを進めるに当たり、この期に及んで最高責任者が内外にわかるかたちで決まっていないことは致命的である。全体を統括し、進行を総合的に管理する機能が欠如しているからこそ、後で物議をかもす基本設計がまかり通るような事態も起こる。あろうことか事業計画額がべらぼうに増えることになったり、肝心の時までに完成する見込みが立たないのではと失笑を買ったりもする。船頭多くして船山に上る、とはよくいったものだ。

また、どんなものをどう再建するのかも曖昧なまま、もっといえば、こんなことになるのなら既存の施設を改修して使うのが現実的だったかもしれないのに、元の競技場は早々と壊してしまった。今となってはもはや取り返しのつかないことである。その責任はいったい誰がとるというのか。

これは戦争の時に最高司令官がいないようなものだ。戦闘は場当たり的で後先のことを考えていない。部隊は一見連携しているように見えても、実は単にもたれあっているだけでまるっきり統率がとれていない。なにより全体を指揮する人を欠いている。たまに作戦が功を奏した時には、みんなが自分の功績を誇ろうとするが、いざ窮地に陥ると責任を逃れようとする。

そういえば、二〇一三年ブエノスアイレスで「トウキョウ」と決まった時には、まるで自分の手柄のようにふるまっていた御仁が何人もいたように記憶している。

国から東京都へのつけ回し

無責任の典型例の一つが、東京都に対する建設費のつけ回しである。国は、新国立競技場の建設費のうち五〇〇億円ほどを東京都に負担せよと迫っている。東京都が最終的にどのような対応をするのか、現段階ではわからないものの、舛添知事がとりあえず国の要求を拒んだのは至極当然だと思う。

そもそも、国と自治体との財政秩序を国の都合で乱すようなことがあってはならない。そのため国がその権限に基づき責任を持って処理すべき事務については、その経費は全額国庫が負担すると決められている。これが国と自治体との財政関係の原則である。

ただ、国にしてみれば、新国立競技場は国の施設だとはいっても、そもそもオリンピック開催で中心となるべきは東京都なのだから、そのメイン会場の建設費について都に応分の負担をさせても罰は当たらないとの感情論もあるのだろう。その心情がまったく理解できないわけではない。

そこで、あくまでも一般論であるが、そのような場合には国と自治体とが相談のうえ、本体工事はすべて国が負担する一方で、周辺の道路などの整備については自治体の負担で実施するというような協力体制をとることはよくある。

舛添知事も「東京都からの支出が法的に認められるのは(競技場の周辺整備の)五〇億円程度」との認識を示したというが、それなら常識の範囲内だ。ただ、国はそんな「はした金」では納得できない、もっとよこせと言いたいに違いない。

一時、東京都から相応の金を出させるための法整備について文部科学大臣が言及したこともあった。しかし、国が自治体に対してむりやり負担を押し付けることは地方財政法で禁じられているから、そんなことはできない。

では、東京都が自主的に国に協力して資金提供する場合はどうか。それは議会でそのための予算が承認されればとりあえずできないことはないが、それによって舛添知事はとてつもなく大きいリスクを抱えることになる。現時点ではあくまで可能性の問題ではあるが、場合によっては自分の財産を身ぐるみ剝がされないとも限らない。東京都の納税者からの住民監査請求とそれに続く住民訴訟によって、知事が個人的に損害賠償責任を追及されかねないからである。

舛添知事の落とし穴

住民監査請求とは、自治体の職員によって違法または不当な公金の支出があったと認められる場合、住民なら誰でも、かつ、一人ででも、その支出によって生じた損害を補填するために必要な措置を講じるよう、当該自治体の監査委員に請求することができる、とする地方自治法上の制度である。これをこのたびの例におきなおしてみると、ここにいう「職員」とは舛添知事のことであり、「損害を補填するために必要な措置」とは、違法または不当に支出した金額を「職員」すなわち知事個人に賠償させることを意味している。

ただ、首長の責任を問われる住民監査請求がなされても、その首長によって任命されている監査委員が自分を任命してくれた人の非を素直に認めることは、情において忍びないからまずない。それらのほとんどは違法性も不当性もないとして棄却あるいは却下される。

しかし、ことはこれでは終わらない。住民監査請求が認められなかった請求者は、それを裁判所に持ち込むことができるからだ。これも地方自治法によって、住民ないし納税者の権利として認められている住民訴訟の仕組みが活用できるのである。監査委員と違って裁判官たちに「情」は通じない。

もちろん、訴訟ではおよそ五〇〇億円の支出の違法性などが争われるが、筆者のこれまでの知見によれば知事が責任を追及される可能性は大いにあると予想している。国の施設を建設するために都の公金を支出することは地方財政法に違反しているとの論は十分成り立つからだ。

しかも、経緯からいって、国は当初の建設費の目算が大きくはずれ、そのツケを東京都に皺寄せしたのではないかとの疑念は拭えない。国の失政のツケは国が始末すべきであって、その尻拭いのために都民のお金を供出するいわれはない。違法性の論拠は一段と高まるはずだ。

もし、住民訴訟の結果、五〇〇億円の支出が違法ないし不当だとなった場合、舛添知事は五〇〇億円そのままかどうかはともかく、個人では到底支払えそうにない莫大な金額を東京都から請求される。決して公金で私腹を肥やしたわけではないし、そもそも予算を通じて議会の承認手続きを取っているにもかかわらず、どうして個人的に弁償しなければならないのか。県知事を経験したことのある筆者にもいささか合点がいかない面はあるし、そんな羽目に陥ってしまった首長には同情の念を禁じ得ないが、現行制度がそうなっているからには、それに従わざるを得ない。

よかれと思って軽い気持ちで予算に盛り込んだところ、住民訴訟によって一文無しになることもある。このことを舛添都知事をはじめとする全国の首長はよくよく心得ておくのが身のためだと助言しておく。

違憲と不信で立ち枯れの安保関連法案

（二〇一五・九）

安倍政権は集団的自衛権行使を容認する安保関連法案を、二〇一五年九月二七日に終わる通常国会の会期内に強引に成立させようとしている。衆議院では七月一五日の特別委員会、翌一六日の本会議のいずれでも与党だけで強行採決した。衆議院の審議は一〇〇時間を超え、論点も出尽くしたので「決めるべき時には決める」というわけだ。

しかし、国会の審議は単に時間をかければいいというわけではない。しかも、実質的には一一本もの法案を強引に一本化しているのだから、本来の一本当たりに換算するとせいぜい一〇時間程度に過ぎない。その一つ一つが重大な意味と内容を持っているというのに、これでは審議時間があまりにも短い。

衆議院での審議は焦点を絞れないまま漂流した感があるし、法案への疑義は深まるばかりだ。国民の理解も一向に進んでおらず、法案の成立に反対する意見が賛成を大きく上回っていることは、新聞各紙の世論調査を見れば明らかである。むしろ、ここにきて国民の理解がかなり進んできたからこそ、反対する声が強くなったと見るべきだろう。

合憲説の根拠自体がいわくつき

国民の理解が得られない最大の理由は、この法案が憲法違反だからだろう。国会が制定する法律は憲法に適合していなければならず、憲法に反する法律は無効である。もちろん憲法には解釈の余地があって、安保関連法案はその余地の範囲内だから違憲ではないと政権は強弁する。しかし、この政府見解は、ほんのわずかの例外を除いてほとんどの憲法学者から一蹴されている。

政府が「合憲説」の根拠に持ち出したのが、一九五九年のいわゆる砂川判決である。ただ、これは米軍の駐留が憲法上容認されるかどうかが争われた事件であって、わが国の集団的自衛権行使とは無縁の判決であることは容易にわかる。牽強付会というよりも、片言隻句を頼りに幼稚なレトリックを弄しているとしか筆者には思えない。

しかも、砂川判決には判決そのものの「合憲性」に強い疑いを抱かざるを得ない事情と曰くがある。アメリカ政府が公開した在日アメリカ大使館の機密文書によって、判決を出した当時の田中耕太郎最高裁判所長官は、驚くべきことに判決前から駐日アメリカ大使と面会し、判決に関する情報を提供するなど内通していたことが明かされた。

もしこれが事実だとすれば、この判決は憲法に違反している。憲法第七六条三項は「すべて裁判官は、その良心に従ひ独立してその職権を行ひ、この憲法及び法律にのみ拘束される」と規定するが、報じられた田中長官の言動はこの刑事裁判の当事者である国ないしその背後のアメリカから何らかの指示を受けていたことを窺わせるからである。

しかも、砂川判決ではいわゆる「統治行為論」を持ち出し、米軍が駐留する根拠である日米安全保障条約のような高度に政治的な問題について司法は判断しないとしたのである。この統治行為論は、最高裁判所が憲法によって課せられた職務を怠り、その責任を放棄したとしか筆者には思えない。

憲法第八一条は、「最高裁判所は、一切の法律、命令、規則又は処分が憲法に適合するかしないかを決定する権限を有する」と規定する。ならば、裁判で法律が憲法違反かどうか争われた場合には、最高裁判所はその憲法適合性について判示しなければならないはずである。これが違憲立法審査である。ところが、当時の最高裁判所は砂川判決においてその判示を避け、逃げてしまった。

本来「一切の法律、命令、規則又は処分」が憲法に適合するかしないかを決定すべきなのに、「一部」については例外的に審査の対象から除外した。いわば、政府や国会のやることに「お目こぼし」の余地を作ってしまったのである。これでは、国家権力に対し憲法が箍《たが》をはめるという立憲主義の原理は、実質的に大きく毀損される。憲法の番人たるべき最高裁判所が自ら憲法を蔑《ないがし》ろにするようなことがあってはならない。

もっとも、砂川判決は単なる最高裁判所の職務怠慢ないし責任放棄というわけではない。そもそも最高裁判所が憲法適合性に疑問を抱かなければ、単純に合憲だと判示すればよかっただけのことだからである。それをそうしなくて、統治行為論などという怪しげな理屈を持ち出さざるを得なかったのは、とても合憲だとは言えないし、さりとて違憲だとも言いづらい政治的事情ないし圧力があったからなのだろう。それを裏打ちするのが先の田中長官の不可解な言動である。統治行為論とは、違憲の疑いが極めて濃厚な事件をカモフラージュするための苦し紛れの詭弁だと思う。

このたびの安保関連法案について、その合憲性を弁証するにはこんな曰くつきの判決に頼らざるを得なかったこと自体、すでにこの法案が憲法に支えられていない事情を物語っている。

不信のスパイラル

安保関連法案のことは女性誌の記事としてしばしば取り上げられている。子育て中の女性の間で関心が強いという。特に、自衛隊が海外に展開するようになれば、いずれは徴兵制が敷かれるのではないかとの質問が寄せられるという。これに対して自民党は、徴兵制などあり得ないと防戦に努めている。では、あり得ないとする根拠を示せと迫られると、「憲法上徴兵制は禁じられているとの解釈が定着している」と応じているが、これがまったくと言っていいほど説得力を持っていない。

なにしろ、自民党はこれまでの長い間「集団的自衛権は憲法上行使できない」と言い続けてきた。その解釈はそれこそ定着しているものと思っていたのに、安倍政権はあっさり「集団的自衛権は憲法上認められている」とまるっきり逆の解釈を打ち出した。そんな政党のことだから、今後いつ何時「徴兵制は憲法上禁止されていない」と言いだすか知れたものではない。こう詰め寄られると、もはや返す言葉がない。憲法を踏みにじる者が、都合のいい時だけ憲法を自説の補強材料に持ち出そうとする。その胡散《うさん》臭さに国民の不信は高まりこそすれ、減じることはない。

不信といえば、国立競技場建替えをめぐるドタバタ劇もこれに追い打ちをかけた。これまで建築の専門家や多くの国民から、杜撰な計画は見直すべきだとさんざん批判されていたのに、政権は「このデザインはオリンピック招致の際の国際公約だから変えられない」と言い張っていた。しかし、安倍総理が計画を白紙撤回する頃から、デザインは重要なことではないとするＩＯＣ会長の考えが伝えられた。

では、国際公約説はいったい何だったのか。政権が専門家や国民を騙していたのか。あるいは、IOCの意向を官僚たちは知っていたが、保身のために政権に伝えず、政権もまんまと騙されていたのか。それとも、官僚たちの情報収集能力が低くてIOCの真意がわからず、したがって政権も誤解していたのか。

この疑問は一連の不始末を点検するために設けられる第三者委員会で厳しく追及されるべきだ。ただ、それはそれとしてこのたびの安保関連法案への不信を抱かせる要素を十二分に持っていると思う。政権は法案が必要なことの根拠に「国際情勢の変化」を持ち出すが、それは国民を騙しているのではないか、あるいは政権が官僚たちに騙されているのではないか、それとも情報収集能力が低いせいで国際情勢を見誤っているのではないかと、つい疑いがちになるからである。ここでも政権は説得力の基盤を失っている。

衆議院で強行採決した後、安倍総理は「国民に丁寧に説明する」として、いくつかのテレビ番組に立て続けに出演し、消火活動や戸締まりの譬えを用いて得々と説明していた。しかし、それを聞いていた筆者は、失礼ながら何が言いたいのかよく理解できなかったし、憲法違反ではないとの説得的な説明などひとつもなかったように思う。そもそも法案の内容に無理があるから説明ができないのだと知るべきである。

II

民主主義をどう立て直すか

――地方自治からの問い

4

民主主義の基礎としての地方自治

民主主義の空洞化

（二〇一四・二）

民主主義をわきまえない国会

二〇一三年一二月、多くの国民の不安と懸念をよそに国会は特定秘密保護法をそそくさと成立させた。政権幹部は、国民がこの法案をよく理解していないから反対の声があったという意味のことを言っていたが、それは認識が間違っている。

そもそもこの法案を準備してきたのは霞が関の官僚たちである。虎視眈々これをなんとか成立させようと年来その機を窺っていた特定官庁の官僚たちにとって、安倍晋三内閣の誕生は好機だったに違いない。外交や防衛の機密は守られるべしとする政権の意思と、それ以外の情報をも広く秘密にしたい官僚たちの思惑とが同床異夢ながらうまくかみ合うからである。しかも、自民党には法案の中身をほとんど吟味しないという習性がある。ポンチ絵に毛が生えたような資料で根回しすれば、党の幹部を含めておおかたの議員は瑣事にこだわらない鷹揚な態度を示してくれる。官僚機構をチェックする機能は働きにくいのである。

国会審議中に法案を担当する閣僚の答弁が迷走したり、与党幹部が国民の不安が的外れでないと思わせる妄言を繰り返したりしたのも、自民党の習性からしてむべなるかなである。法案をよく理解していないのは、むしろ閣僚や与党の面々のほうだと思う。

かえって国民のほうが法案の本質をよくとらまえていたのではないか。国には守らなければならない秘密があることは理解しているが、この法律が官僚の手によって独り歩きし、いずれ国民の知る権利や表現の自由を制約されかねない。国民の代表である政治家たちは、官僚の独り歩きを防ぐだけの力量に欠ける。国民が抱くのは民主主義の空洞化への懸念と政治主導への懐疑で、それは的を射ていると筆者も思う。

法律の内容もさることながら、これが成立するまでの過程にも大きな問題があった。その一つが熟議の欠如である。国民の間にこれだけ議論を沸かせた法案なのだから、もっとまじめに審議しなければならない。自民・公明両党とも二〇一二年の衆議院議員選挙でも昨夏の参議院議員選挙でも、公約の中でこの法案のことをまともに取り上げていない。二つの選挙でいくら与党が大勝したからといって、有権者は白紙委任をしたわけではない。

議会制民主主義は頭をかち割る代わりに頭数を数える仕組みである。それは多数決を原則とするが、その結果、多数派の意向に嫌でも従わされる少数派への配慮は当然必要で、したがってできるだけその少数派の意見も取り入れることで合意を見出そうとする。これが小学校でも教える多数決の原理を支える少数意見の尊重である。少数意見の尊重とは、多数派が少数派に譲歩することを意味するのであって、多数派が少数派に譲歩を押しつけることではない。

このたびは与党が少数派に譲歩し法案を修正したといっているが、それは熟議の結果ではなさそうだ。少数党の代表が与党のトップと食事をしたその席で法案に賛成するとの結論を決め、与党にすり寄る党の体面を守り(到底守られたとは思えないが)、その顔を立てる程度の装いを施したのだろう。決して国会での真摯な議論に基づく譲歩や修正ではない。この間の経緯では、その後のその党の分裂に際し、国会での議論だけでなく党内議論すら避けていた実態が明かされている。

衆議院が福島で開いた地方公聴会に至っては、あきれてしまってあいた口が塞がらない。与党が推薦した公述人を含む全員がこの法案に反対したというのに、そんなことはおかまいなし。あらかじめ決めたスケジュールにしたがい、翌日にはさっさと可決してしまう。与党の議員たちには公聴会の意義や役割がとんと理解されていない。重要なことを決めるときには有識者や国民の声に耳を傾け、なるほどと思う意見は取り入れ、国民に誤解があるのであればそれを解消すべくさらに慎重に審議する。そのためにこそ公聴会は開かれる。

ところが、重要法案を採決するにはあらかじめ公聴会を開かなければならないと国会法に定められていて、それを開かないまま強行採決したのでは違法になるから開くだけで、そこで出た意見など、はなから聴く気がない。求められて出席し意見を述べた福島県の人たちを愚弄するにもほどがある。そんな国会議員たちは民主主義そのものを理解する資質に欠けていると言わざるを得ない。

住民を遠ざける地方議会

さて、本題に入ろう。民主主義を放擲《ほうてき》したかのごとき国会の惨状を見て、あらためて民主主義の原点である地方自治をかえりみることとしたい。地方自治は民主主義の学校と呼ばれて久しいが、その学校の現状はどうか。国会に比べて地方自治の現場では民主主義が健全に運営されているかといえば、残念ながらここも甚だおぼつかないと言わざるを得ないのが実情である。

国会が国権の最高機関であるように、地方自治の仕組みの中では地方議会が自治体の最高意思決定機関である。国会が法律を制定し、予算を決めるのと同じように、自治体の条例も予算もすべて議会に決定権がある。大きく異なるのは、国では国会議員たちが行政の長たる内閣総理大臣を決めるのに対し、自治体の長は選挙を通じて直接選ばれることぐらいである。

知事や市長などが目立ったり世上を賑わしたりするので、自治体でもっとも強い権限を持っているのは首長だと思っている人が多いが、実は首長たちは議会が決めた条例や予算を執行する立場でしかない。地方自治の中心は本来議会である。

しかし、その議会の評判が悪い。筆者は講演などで各地を訪れた折には、必ず聴衆に尋ねてみることがある。地方分権に賛成か反対かということである。その問いに対しては、ほとんどの人がまずは賛成の意を示す。それを踏まえて、地方分権とはこれまで国が持っていた決定権を住民に身近な自治体に移管することだと説明し、その自治体に移管された決定権を行使するのはほかならぬ議会であることを説く。そのうえで、あらためて先ほどと同じ質問を発してみると、こんどは最初のときとはまるっきり違った答えになる。地方分権改革に賛成する人がほとんどいなくなるのである。議会が決めるより、これまでどおり国で決めてもらったほうがいいという人が断然多くなる。総じて地方議会は信頼されていない。

その理由の一つに住民から見た議会の縁遠さがある。住民にもっとも身近な存在であるべき市町村議会でさえ住民は親しみを覚えることがない。例えば、先にふれた公聴会である。国会が公聴会を虚仮《こけ》にしたことを批判したが、地方議会はその国会より劣るともいえる。地方自治法によれば、国会と同じく地方議会も公聴会を開くことが想定されているのに、現実には地方議会が公聴会を開くことなどごく例外的で、全国のほとんどすべての地方議会は公聴会をまったく開いていないと言っていいからである。国会も公聴会を形式的に開くだけで国民の声を結果に反映させようなどという気はないようだから五十歩百歩ではあるが、それでも開いているだけ地方議会よりまだましかもしれない。

筆者は地方議会の議員に対して公聴会を開いて住民から意見を聴いてはどうかと持ちかけてみるのだが、それにはほとんど乗ってこない。議会の多数会派に属する議員たちにとっては、公聴会など開く意味がないのだろう。手間はかかるし、公の場で住民の意見を聴くのは煩わしいだけだからだ。彼らは議会を開く前にすでに議案はすべて可決することを申し合わせているので、その議案に賛成する意見ならともかく、それに反対したり代替案を唱えたりする意見は雑音でしかない。これは国会における与党議員の態度と同じである。

国会と地方議会とで違いがあるのは、少数会派に属する議員の態度である。国会では野党色が鮮明な少数政党ほど公聴会の開催を主張するようだが、地方議会では必ずしもそうした傾向は見られない。少数会派の議員も多数会派の議員と同様に公聴会には消極的だとの印象を筆者は持っている。

まず、多数会派の議員が賛成してくれるはずがないからという理由をあげる少数派議員が多い。おそらく多くの議会ではそうした状況にあるのだろうが、それを多数派にぶつける前から尻ごみをすることはないのにと思う。公聴会を開くことにすると日程上議員の質問の時間が制約を受けるという理由を持ち出す議員もいるが、これもこじつけでしかない。会期を数日間延ばせばすむことだからである。

公聴会に後ろ向きな少数会派の議員たちの本音は別のところにあると筆者はみている。それは自分たちの出番がなくなってしまうのではないかと恐れているのである。役所や多数会派の議員たちが関心を持たない住民、往々にしてそれは社会的立場の弱い人や発言力のない人であることが多いが、そうした人たちの声を議会で代弁するのが自分たちの役割だと思っているのに、その人たちが議会で直接意見を言うようになれば、自分の出番がなくなってしまう。市民派を自称する議員がそう考えているのだとすれば、皮肉なことに市民派ほど肝心の市民を議会から遠ざけていることになる。

近年議会報告会なるものを開く地方議会が増えてきた。議員が手分けをして域内の集落などに出向き、議会で決めた条例や予算の内容などを住民に説明し意見交換を行うのである。「市民に開かれた議会」の試みとして評価することに吝《やぶさ》かではないものの、いささかの違和感は拭えない。

筆者がその自治体の住民だったとして、決める前に意見を求められるのならともかく、すでに決めたことを事後に説明し意見を聴いてやるといわれても、おそらく参加する気にはなれないと思う。何を話したところで、もう終わっていて後の祭りだからである。案の定、せっかく議会報告会を開いても市民の参加が極めて少ないと嘆く議会は多いようだ。決めた後にわざわざ住民のもとに出向く労を惜しまないのなら、議会はどうして決める前に住民の意見を議場で聴かないのか。本来の主権者である住民をあえて「場外」に追いやる地方議会、それを住民が縁遠いと感じるのは当然ではないか。

住民から嫌われる口利き政治

率直にいって、地方議会は住民から縁遠いだけでなく、厄介者だと思われていたり、時としてひどく嫌悪されていたりもする。その最大の理由は、口利き政治の存在にあると筆者は睨んでいる。

東京都杉並区をはじめとするいくつかの自治体で、認可保育所への入所を拒否された母親たちが集団で行政不服審査法に基づく異議の申し出をしたことが大きな話題となった。保育所不足に起因する待機児童問題が解消しないことに業を煮やしてのことである。これまでこの種のことは自治体の担当部署に個別に要請したり、議会に請願や陳情を出したりして問題を解決してもらおうとするのが一般的だったが、もはやそんな生ぬるい手法に頼っていても埒が明かないと見定めてのことだろう。自治体の公聴機能や議会の民意吸収機能が見限られたことを、関係者は深刻に受け止めるべきだと思う。とりわけ、自治体の政策の方向を決める予算を最終的に承認する議会には猛省を促したい。これまで待機児童問題について議会はどんな手を打ってきたというのか。保育所予算を増やすよう、予算を修正したことが一度でもあったか。

この問いは、杉並区など異議の申し出があった自治体議会にとどまらず、待機児童を数多く抱える自治体の議会にも向けられる。ところが、不思議なことに、こうした自治体の議員に尋ねてみても、さほど深刻には受け止めていないようなのである。むしろ、自分は待機児童問題に一生懸命取り組んできたと胸を張りさえする。「今年は五人も役所に頼んで入れてもらった」とあっけらかんと打ち明ける議員もいる。

議員をやっていれば支持者からさまざまなことを頼まれる。その中に「せがれのところに子どもができたが、保育所に入れず嫁が難儀をしている。何とかしてもらえないか」という趣旨の依頼は少なくないという。自治体によっては、「有力議員」ならそれぐらいの便宜は役所にはかってもらえるのだそうだ。支持者から本当に感謝されるので、自分も議員としていいことをしてあげられたことに満足していると聞かされた。

多少の考える力があれば、こうした個別の口利きでは待機児童問題が解決しないことぐらいわかりそうなものだ。入所できる枠が増えない中で、議員が支持者に頼まれて誰かを押し込めば、他の誰かが押し出されるにきまっている。押し込んでもらった人は喜ぶが、わけのわからないまま押し出されて戸惑う人が一人増える。待機児童の数は一向に減らないだけでなく、そこに不公正が紛れ込むから事態はいっそう悪くなっている。

こうした議員の口利きのおかげで救われる人は市民のうちのほんの一握りにすぎず、他の多くの人たちは同じ悩みを抱えているにもかかわらず、ほうっておかれたままである。それこそ一％の人だけが救われ、九九％の人たちには光が当たらない。なんのことはない、市民全体のためにあるはずの議会は、実は九九％の市民にとっては無縁の存在である。口利きのネットワークは保育所の入所問題にとどまらず、公営住宅の入居や公立病院の患者の扱いに至るまで張り巡らされている気配が九九％の市民には感じられる。たった一％の人だけに依怙《えこ》贔屓《ひいき》をする議会だとしたら、無縁を通り越してもはや有害でしかない。

こんな口利き稼業に憂き身を窶《やつ》している輩は選挙で落とせばいいのだが、現実にはそうはなりにくい。一般の市町村議会の選挙はいわゆる大選挙区制をとっているので、たとえ一〇人のうち九人の有権者から嫌われていても、それこそ口利きなどで残りの一人をしっかりつなぎとめておけば、選挙区全体からそこそこ票を集めて当選してしまうのである。

皮肉な言い方をすれば、口利きを業とする議員たちには待機児童問題や公営住宅の順番待ちは解消しないほうが望ましいのかもしれない。もし待機児童や順番待ちがなくなれば、自分たちの仕事もなくなってしまう。常に待機児童があふれていて、自分を頼ってくる有権者がいる。それを役所に押し込むことでその支持をつなぎ、さらには拡大することも可能となる。これほど騒がれている待機児童問題が自治体議会で大騒ぎになることが少なかった理由の一つだし、それはすなわち議会を嫌悪する市民が少なからずいる所以でもある。

地域のことを決める議会に住民の関心を

口利きをもっぱらとする議員は常に「与党会派」に所属することに意を払う。「与党会派」でなければ、口利きをするうえでいいポジションをキープできないからだ。彼らは議会に提案される議案には基本的に反対しない。いたずらに反対して執行部の不興を買えば、口利きを快く受けてもらえなくなりかねないのでそれは避ける。多少のいちゃもんをつけておくと、執行部がもみ手すり手で反対しないでくれと頼みに来るから、そのうえで勿体をつけて賛成することにする。それだけで執行部に「貸し」がつくれる。今後の口利きが通りやすくなりさえすればいいのであって、議案の内容など実はどうでもいい。背景は異なるものの、議案の中身をほとんど吟味しないことにおいては、国会における与党会派と地方議会の多数会派には共通するところがある。ねじれのない国会と同様、地方議会のチェック機能もほとんど麻痺している。

かくして地方議会では執行部が提案する議案はそのほとんどすべてが無傷のまま可決される。議案に対する議会のチェック機能が働いていないからである。そのうえ、その無傷のまま決まった案件がいったいどのような内容なのかを市民が知りたいと思っても、容易にはわからない。

どこの地方議会でも「議会だより」なるものを律義に各家庭に配布してくれる。通常そこには議会の決定事項が掲載されているが、条例などの案件名とそれに対する会派ごとの賛否の状況が書かれているだけで、内容はさっぱりわからない。例えば、図書館設置条例の一部を改正する条例が可決されたとあるが、それは図書館を充実させるものなのか、それとも最近全国の自治体にはやり病のように広がっている図書館の外注化を進めるものなのか。それによって、その議案に賛成した会派への評価はまるっきり違ってくるが、これだけではさっぱりわからないから評価のしようがない。

ページ数の多くは議員と首長との質疑に費やされている。ひょっとしてこれは議員や会派の広報媒体かと見まがうばかりである。もちろんその中には首長へのおべんちゃらや教条主義的で意味をなさない主張だけでなく、有益なやりとりを含んでいることもある。ただ、そうだとしても住民にとっては議会でどんなことが決められたのかというほうが断然重要である。直接市民生活や経済活動にかかわるのは必ずしも議員の質問ではなく、条例などの決定事項だからだ。わずか数ページにすべての内容を載せるのは無理にしても、もっと住民の視点に立ち、市民にとって大切な事柄を含む議案ぐらいはその概要を載せるべきだと思う。

以上見たとおり、国会ばかりでなく、本来住民にもっとも身近であるべき自治体においても、主人公であるべき住民は遠ざけられている。人のふり見て我がふり直せ、という。自治体関係者とりわけ議会は、民主主義をないがしろにした国会のありさまを他山の石としたらいい。民主主義の観点から地方議会をどう改革したらいいか、真剣に考える絶好の機会となるはずだ。

主権者である住民も、もっと地方議会に関心を持ち、どんな議員が望ましいのか、彼や彼女にどんな議会運営を期待するのか、あらためて考え直してほしい。議会運営の点に関していえば、例えば通年議会の導入、定例会方式から定例日開会に、会派中心から委員会中心の活動に、住民の発言の場としての公聴会の活用など、改革のよすがはすでにいくつも用意されている。

問われる政党の責任

――都知事選で露呈した無責任

（二〇一四・四）

二〇一四年二月、東京都知事選挙で圧勝した舛添要一氏による新しい都政が始まった。振り返ってみれば、前二代の都知事はその任期をまともに務めていない。前々任の石原慎太郎氏は自ら四期目に挑んでその座に就いておきながら、無責任にも選挙後一年半余りでその任を放り出してしまった。前任の猪瀬直樹氏は自身の資金疑惑により就任後一年で辞めざるを得なくなった。

都庁は職員数が一六万人を超える大所帯である。もしこれに匹敵するような規模の大企業で、トップが会社をプイと辞めたり、その後継者がスキャンダルで会社を追われたりしたらどうなるか。組織の統率力は落ちるし、経営指針は定まらない。なにより顧客の信頼を失うだろう。これまで都政はこんな状況に陥っていた。

時ならぬ選挙がもたらすダメージ

このたびの選挙は都政にとって最悪のタイミングでもあった。猪瀬氏が辞任した前年一二月から舛添氏が就任したこの二月までの期間、自治体にとっては次年度の予算編成を行う時期だからである。予算案の作成は首長の専権事項である。その肝心の知事が予算編成の期間中ずっと空席であればちゃんとした予算は作れなかったのではないか。かつて鳥取県で知事を務めた経験のある筆者などはとても懸念する。

時ならぬ選挙は、選挙自体にも大きなダメージを与えずにはおかない。首長選挙は通常四年ごとに行われる。その定期に行われる選挙に立候補しようとする人は、その期日を睨んで戦略を立て、比較的早い段階で公約などを掲げて名乗りをあげ、しかる後に選挙戦に臨むことができる。名乗りをあげる頃からマスコミに取り上げられ、取材などを通じて人となりや政策内容が順次報じられる。これにより、有権者は立候補予定者の見識や人品骨柄を知る機会を得ることができる。これが本来の首長選挙のありようである。

しかし、時ならぬ選挙では、こうした段取りはつけられない。まず、次の定期的な選挙をめざしていた人は事実上立候補の機会を奪われる。選挙に出馬するには体制を整え、資金調達のめどをつけ、都政なら都政の課題を把握し、自分の考えをまとめておかなければならない。それに、出馬によって周囲に迷惑をかけないためには自身の仕事や社会的関わりを適当な時期までに整理しておく必要もある。

そんな人にとっては、現職知事の突然の辞任により前倒しで選挙が実施されることになったとき、直ちに応じることは無理だろう。とりわけ組織や団体で重要な役割を果たしている人ほど出馬は難しい。いきおい、比較的立候補しやすいのは、すでに引退ないし隠遁している人か自由業の人に絞られる。

もちろん例外もあり得る。例えば、現職の首長がその側近に中途辞任の意向を耳打ちし、後継となるよう慫慂《しょうよう》しておくような場合である。彼は立候補の決意を固め、人知れず政策課題を頭に入れるなどの準備作業に取りかかれる。いよいよ現職が辞任し、時ならぬ選挙に突入したとして、他の候補予定者が慌てているなか、彼だけは断然有利な立場で選挙戦に臨むことができる。もちろんこれは一般論だが、こんな不公正がまかり通っていいはずはない。

不甲斐ない大政党

二度の都知事選挙を通じて天下に明らかになったのは、政党の不甲斐なさである。特に大きな政党ほど情けなかった。政党としての主体性も矜持もかなぐり捨てて「勝ち馬」に乗ろうとする「せこさ」や組織の体をなしていないありさまが印象づけられた。自民党が舛添候補を推すことにしたのは、事前の世論調査で彼が最も有力だったからだといわれる。

一方の民主党はその舛添氏に相乗りをするのかと思ったら、脱原発を引っ提げ颯爽《さっそう》と登場した細川護熙《もりひろ》氏に目移りし、右往左往したあげく「組織的勝手連」などというわけのわからない対応になった。政党にはこんなだらしない態度ではなく、もっと積極的な主体性が求められる。わけても、候補者の「品質管理」に責任を持つべきである。「品質管理」のポイントの一つは候補者の人となりや信頼性であり、もう一つはその掲げる政策の妥当性である。

自民党はかつていわば「不良品」として切り捨てた商品を、急きょ「優良品」として消費者に提示したようなものだ。自民党が野党に転落したとき、舛添氏はまるで後脚で砂をかけるがごとく自民党を捨て、その故をもって自民党は彼を除名し、党から排除していた。その舛添氏を支援することには

「大義がない」と党内からも批判があったが、決して的外れではなかろう。もとより「復権」や「再生」はあっていいが、それには党内での十分な議論と党内外に対する説得力が伴わなければならず、今般それがあったとは思えない。候補者の「品質管理」を二の次にして、ただ勝たんがためのご都合主義に走ったとの印象を拭えない。

背景と経緯は異なるものの、やはり勝ち馬に乗るために「品質管理」を怠り、その結果わずか一年で現職知事を辞任に追い込まざるを得なかった前回の失敗をまるで省みていないようだ。猪瀬氏の説明責任能力と自身の言動に対する誠実さについて多少の「品質管理」をしていれば、当時の選挙の構図も変わっていただろうに、ということである。

民主党も似たりよったりではある。細川氏を全面的に支援する小泉純一郎氏はかつての政敵のはずだ。その小泉内閣が進めた「構造改革」が格差拡大を招いたと、民主党は厳しく批判していたのではなかったか。いくら「勝手連」的支援とはいっても、そうしたことをうやむやにするのは政党として無責任に過ぎる。もし、細川氏が当選していたら、新知事が勝利の立て役者である小泉氏の影響を受けることは必至で、その新自由主義的政策が都政に持ち込まれることも十分予想される。そのことを党としてどう考えていたのか、いなかったのか。

政策の「品質管理」にも危惧があった。細川氏の「原発即ゼロ」と党の方針との整合性はどうなのか。民主党は「二〇三〇年代に原発稼働ゼロ」をめざすとしていたと記憶する。もちろん「即ゼロ」という選択があっていいが、それなら党としていつどんな議論を経て方針を変えたのかが示されなければならない。また、「即ゼロ」実現に都政としてどんな手段があるというのか。ご都合主義や無定見はいけない。

限られた候補の中から選ばなければならないので、人物面でも政策面でも妥協が必要だという。それはそのとおりだが、それも程度問題である。大政党が勝ち馬に乗りたい一心で無原則に妥協してしまったのでは「品質管理」などなきに等しい。

本来政党とは、理想とする政策を掲げ、それを担える人材を確保し、その人を候補者に仕立てて選挙戦を戦うものである。これが「品質管理」で、この政党の機能と役割は国政選挙でも地方選挙でも変わりはない。

地方自治の理念からは首長選挙に政党色を持ち込むべきでないという考えに一理ないわけではないのだが、現実には地方政治でも企業団体献金は政党のみに限られ、無所属候補はまとまった政治資金を集める途を閉ざされている。そうした政党中心の制度ができあがっているにもかかわらず、当の政党は「待ちの姿勢」に終始し、資金面でも組織面でも徒手空拳に等しい個人が蛮勇をふるって手をあげるのを待つ。出揃った立候補予定者を見比べ、その中から自分たちに都合のいい候補に声をかけ、恩を売り、ちゃっかり「与党」のポジションを得ようとする。姑息で卑怯なやり方だとは思わないか。

汚名返上、この際、大政党には四年後の選挙にはどういった争点でどんな人を候補に立てるのか、今から準備に取りかかるぐらいの気概を持ったらどうか。それが二度にわたる時ならぬ都知事選の貴重な教訓だとつくづく思う。

地方分権改革のこれから——今「踊り場」で何をすべきか

（二〇一四・八）

第二次安倍政権になってから地方分権改革のことがとんと話題にならなくなった。もちろん、内閣府に地方分権改革推進本部はあるし、地方分権改革担当大臣も任命されている。該当の事務局職員もこまごまとしたことではあっても、それなりに努力している。ただ、内閣が進める施策の中では断然影は薄いし、安倍総理自身がこれにこだわっている印象もない。

ということで、残念ながらこの内閣のもとでは地方分権改革はほぼ休眠状態におかれるものと踏んでいてまず間違いなかろう。ただ、安倍内閣のような性格の政権であればこそ地方分権改革を積極的に進めるのが合理的であるのにと、筆者は皮肉でも何でもなくそう考えている。

安倍政権がとりわけこだわっているのが国家の存立にかかわる防衛や外交である。また、政権発足直後から力を入れてきたのがアベノミクスに象徴されるマクロ経済の管理であり、金融政策である。これらは、政権が目論む方向やその手順の良し悪しに対する評価は別にして、まさしく国家が取り組むべき事柄ではある。国家が取り組むべきとは、地方自治体ではなく中央政府が専管すべきという意味である。

「メタボ」解消が必要な中央政府

わが国の中央政府はあまりにも手を広げすぎている。地域のことは地域で責任を持って決める。これが地方自治の原則であり、このほうがズレや無駄が少なく、住民にとってより満足度の高い行政が可能となるはずである。ところが、自治体が決めるべき事柄であるのに国が決定権を持っていたり、制度上は自治体が決められる仕組みになっているのに、実際にはなにごとにつけ国の関係省にお伺いを立てなければ決められない仕組みがまかり通っていたりするのがわが国の現実である。

例えば、市町村道の建設や改良は当然市町村の仕事だが、いつ、どの箇所を整備するかを市町村限りでは決められない。その財源手当を含めて、事実上国が決定権を握っている。筆者は鳥取県で知事を務めていたとき、県道のことには心を砕いたが、市町村道のことには関心を持たなかったし、口出しもしなかった。市町村が責任を持つことだからである。

ところが、その市町村道のことに中央官庁の官僚たちは容喙《ようかい》し、差配しようとする。県以上に現場のことなどわからない彼らが、である。そんなことにお節介を焼く暇があるなら、交通行政の分野では例えば航空行政にもっと専念したらいいのにといつも思っていた。

ちなみに、わが国の多くの地方空港では韓国の仁川《インチョン》空港との間に定期便が就航していて、まるでそこがハブ空港であるかのようだ。実際に仁川空港を経由してアメリカやヨーロッパに出かける人は多いが、それは地方から成田空港や関西空港へのアクセスが著しく不便で、アメリカなどとの往来には仁川空港を利用したほうがよほど便利だからである。

そうはいうものの、成田空港か関西空港、あるいは羽田空港が日本のハブ空港になるのが国益に適っている。国はもっと航空行政に力を注ぐべきで、そのためには先の、知事でさえ関心の薄い市町村道のことなどに国がかかずらわっている場合ではない。国土交通省が持つ地方道に関する事務はすべからく自治体に委ね、それによって手がすくことになる組織や職員定数を航空行政のほうに振り向ければいいのにとつくづく思う。

国会の現状からも地方分権改革の必要性は痛感される。国会は本来国政を論ずべき場でありながら、そこでは多くの時間が自治体の仕事をめぐって費やされている。最近のこととしては教育委員会のあり方しかり、介護保険サービスの内容しかりで、これらはもっぱら自治体の仕事である。

こうしたことの結果、国としてもっと多くの時間を割いて深く議論しなければならない重要な事柄が十分審議されていないことは、特定秘密保護法案やＴＰＰに関する審議を見ると明らかだろう。しかも、自治体の仕事についてまで答弁しなければならない大臣たちの守備範囲があまりに広すぎて、肝心の国本来の業務をこなすことに難儀をしているようなのである。いきおい、官僚の作った答弁書を自信なげに棒読みする光景ばかりが目につくのも当然といえば当然である。

大臣や官僚たちを国の仕事に専念させるには、政府を「メタボ状態」からスリムな体型に改良する必要があり、それを可能にするのが地方分権改革である。地方分権改革とは単に国から自治体に権限を移譲することではなく、それによって政府のパフォーマンスを向上させることでもある。

この際足元を固める必要がある地方

繰り返すが、だからといって安倍内閣のもとで地方分権改革が進むとも思えない。全国市長会などの地方六団体は引き続き地方分権改革の推進を政府に要請しているが、おそらく見るべき成果は得られないだろう。

そこで、地方分権改革を当面どうするかであるが、地方の側はこの内閣のもとで地方分権改革を無理に進めようとして無駄骨を折るよりも、この際少しばかり立ち止まり、地方分権改革のこれまでを振り返るとともに、その将来を考える機会にするのが賢明だと考えている。それはあたかも階段の踊り場に立って一息つくようなもので、これまでの改革の成果を検証し、戦略を練り直してはどうかということである。

検証といえば、これまでの長い間の取り組みの結果もたらされた成果がいくつかある。ただ、それがうまく活用され、自治の主人公である住民の便宜につながっているものがあるかといえば、まず思い当たらない。

例えば、地方議会である。住民に一番身近な市町村の議会でさえ、住民から頗る縁遠いと言われ続けてきた。議会が何をやっているのかわからない。議会はお役人の根回しを受けるばかりで、住民の意見は一向に聴こうとしない。こんな批判を全国どこに行っても聞かされる。

そこで、地方議会が住民から意見を聴く手段としての公聴会を開きやすくするため、地方自治法の関係規定が二〇一二年に改正された。また、年に四回、一回当たり二、三週間ぶっ続けで朝から夕方まで議会が開かれるのでは、勤め人がほとんどの住民は事実上議会に足を運ぶことはできない。そこで、そうした定例会方式ではなく、毎月ないし毎週定期的に、できれば夕方からでも開催できる仕組みがすでに選択肢として導入されている。地方議会の通年制である。

これら一連の制度改正は地方議会に対する国の制約を緩和したという意味で、まさしく地方分権改革の成果なのだが、残念なことに現在までこれを生かして住民の参加を容易にした地方議会があることを耳にしていない。公聴会はこれまで同様、全国のほとんどの議会では開かれることがない。通年制を導入した議会があるにはあるが、それはほぼ見てくれだけで、やっていることは実質的にこれまでと変わらないから、住民が参加しやすくなったわけではない。

振り返ってみれば、地方分権を躍起になって進めてきたのは自治体関係者ばかりで、肝心の住民はいたって冷ややかだった。どうせ自分たちには関係ないとはなから関心を寄せなかったし、実際のところほとんど関係がなかったことも確かだ。

住民すなわち国民が関心を持たなければ、そこから選ばれる国会議員たちも、霞が関の官僚たちが忌み嫌う地方分権改革で犬馬の労をとろうとはしない。これまで地方分権改革が思うように進まなかった原因の一つである。

住民が地方議会に参画することで、地域の課題が自治体の政策課題として具体化される。そんな成功体験を積み重ねることによって地方分権改革への期待と信頼が醸成されれば、これからの改革にも弾みがつく。いま改革の「踊り場」に立って、自治体はこれまでのように国に改革を要求するだけでなく、自らを変える努力をすることも大切ではないか。

自治を蝕むふるさと納税

（二〇一四・一〇）

第二次安倍政権になってから、ふるさと納税が一段ともてはやされている。「納税」と呼ばれているものの、実質は自治体に対して寄付をした場合の寄付金控除の特例である。

一般に納税者が国や自治体、あるいは一定の公益法人やＮＰＯ法人などに寄付をした場合には、所得税及び住民税において寄付金控除が適用される。寄付金の額に応じて所得税及び住民税の額が軽減されるのである。

ふるさと納税はこの一般の寄付金控除の制度を前提としながら、自治体に対する寄付についてはさらに優遇することとし、住民税を大幅に軽減する仕組みである。総務省が示した計算例によると、子どものない夫婦で年収七〇〇万円の給与所得者が自治体に三万円寄付したケースでは、従来の一般の寄付金控除による所得税及び住民税の軽減額は八四〇〇円であるが、ふるさと納税のおかげでそれに加えて一万九六〇〇円が住民税からさらに軽減される。三万円寄付したとしても、自身が納付すべき所得税及び住民税の額から二万八〇〇〇円が控除されるので、実質的な負担ないし持ち出し額は二〇〇〇円で済むのである。

納税者の所得や家族構成、それに寄付の多寡によって計算は異なるが、制度をうまく活用すれば、いくばくかの金額を自治体に寄付しても自身の実質負担額を二〇〇〇円にとどめられるのがふるさと納税のミソである。ということは、どこかの自治体に寄付した場合に、そこが二〇〇〇円を上回る特産品などの「見返り」を提供してくれるのであれば、寄付者にとってふるさと納税は「おいしい」制度だといえる。

もてはやされている理由はまさしくこの点にある。例えば、いっとき寄付金が急増したことで注目されたある市は、三万円寄付した人に市価一万円のハムやくだものを贈るという。先の給与所得者がこの市に三万円を寄付したとすると、単純計算では八〇〇〇円分の得をしたことになる。

一方、喉から手が出るほど財源がほしい自治体にとっては、ある程度値の張る「見返り」を提供したとしても、一向に腹は痛まない。受け入れた寄付金の額と「見返り」提供のコストとの差額はその自治体の財政を潤すからである。かくして、競い合うように自治体の「見返り」は魅力的かつ高価になり、それに惹かれてますます多くの人が寄付をするようになる。寄付者も自治体もホクホクである。

面白うてやがて悲しき奪い合い

これで話が終わるのなら、万事めでたし、めでたしということだが、そうは問屋が卸さない。両者が浮かれている陰で、誰かがどこかで犠牲を払わされているはずだからだ。

それは誰かといえば、国庫と寄付者の住所地の自治体である。本来納税されるべき所得税と寄付者の住所地の住民税がふるさと納税により減少し、それが寄付者と寄付を受け入れた自治体のホクホクにつながっているだけのことである。

目下国の財政は火の車だ。消費税率は八％に引き上げられ、続いて一〇％に引き上げる方針がすでに法律に規定されている。そうしてもなお再建のめどが立たないほどひどい財政状況の中で、虎の子の所得税の一部がふるさと納税により着実に目減りさせられている。

自治体の場合には国庫とはやや様相が違っている。個別の自治体によって、寄付金控除で住民税が減る一方で、寄付を受け入れることで財政が潤うこともあるので一概にはいえないが、自治体財政全体として見れば、本来いずれかの自治体に納付されるべき住民税が特産品などに気前よく費やされていることだけは確かだ。それがあれば、急がれる待機児童問題が少しは前進するかもしれないのに、である。

自治体が高価な「見返り」を提供してでも寄付を増やそうとするのは、とりあえず合理的な行為である。ところが、よその自治体も似たようなことをやるのであれば、自分のところの住民がよその自治体の「見返り」に目が眩んでそこに寄付をすることは大いにあり得る。そうなれば、住民税は確実に目減りする。

ふるさと納税とは、煎じ詰めれば自治体どうしの税の奪い合いを奨励しているようなものだ。ぼやぼやしているとやられてしまうから、否でも応でもこの奪い合いの戦いに参入せざるを得ない。こんな罪作りな制度をこしらえ、自治体を不毛な争いに駆り立てる政府の見識が疑われるし、そこで踊らされる自治体は不憫でならない。

ふるさと納税は構想の段階では評価すべき点がないではなかった。地方から大都市に出てきて活躍する人が、自分を育ててくれたふるさとの自治体にいわば恩返しをするための制度として提唱されたからだ。それは結果として、過疎地の豊かでない自治体の財政をいかほどかは救うはずだ。

ところが、いざそれを具体化するとなると、「ふるさと」とは何ぞやということからして法律上の制度にはなじみ難い。対象は「ふるさと」に限定されず、「応援したい自治体」にまで拡大される。そうなると、これまで縁や関わりがある自治体ではなく、魅力ある「見返り」を提供してくれる自治体のほうを応援したくなったとしても咎めることはできない。

できあがった制度では、どこの自治体の住民がどこの自治体に寄付しても差し支えないから、過疎の村の住民が大都市の自治体に寄付することだって妨げない。当初の志とは逆に、地方の豊かでない自治体の税収を奪うことも許容されるのである。もはや何のための制度かわからなくなってしまった。

強きを助け、弱きをくじくことに

ふるさと納税のとばっちりを受けている人たちもいる。自治体への寄付がことのほか優遇されることから、相対的に寄付が集まりにくくなった社会福祉法人や公益法人、NPO法人、学校法人などである。

従来、これらの法人に対する寄付は一定の要件のもとに所得税などの寄付金控除の適用を受けてきた。その仕組みは今も変わらない。ただ、寄付の対象として自治体だけがふるさと納税のもとで群を抜いて破格に優遇されるようになり、しかも多くの自治体が寄付者にゴージャスな「見返り」を提供するものだから、寄付する先として社会福祉法人などが格段に見劣りするようになってしまった。

ふるさと納税が幅をきかす中で、乳児院や児童養護施設などを経営する社会福祉法人への寄付が一層先細りになるのではと案じられる。もとよりこうした施設は寄付者に「見返り」を提供する余裕など持ち合わせていない。さらに、いまだ寄付金控除の対象とされていない団体が、乏しい寄付を頼りに、各地で自殺予防やDV被害者支援などの活動を献身的に行ってもいる。こうした団体への寄付がふるさと納税の勢いに押しのけられ、貴重な活動の息の根を止められることも懸念される。

政府は評判がいいふるさと納税をもっと普及させるべく、寄付金控除の上限を引き上げることにした。どうしてそんなことをするのだろうか。寄付が集まりやすくしてあげなければならないのは、自治体ではなく、社会の片隅で弱い立場の人たちに支援の手を差し伸べている人たちではないか。

自治体にはそもそも課税権がある。どうしても手がけなければならない事業のための財源が不足するなら、合意を得て地方税の税率を引き上げてそれを調達することができる。自治体にはそれだけの権能が備わっているのだから、本当にお金が足らないのならそうすればいい。

聞くところによると、「見返り」が功を奏し予想外に多額の寄付が集まった自治体では、これからその使いみちを考えるのだという。すでにそんなのどかな情景が見える中で、自力で資金を調達する術もなく、寄付を頼りに細々と社会のために活動している人たちの足場をもっと崩しかねないような政策はどうみても間違っていると思う。

「地方創生」ではしゃぐ前に

（二〇一四・一一）

第二次安倍改造内閣が始まってから「地方創生」が賑やかだ。地方はこの先大幅に人口が減り、市町村のおよそ半分が早晩消滅すると脅されたと思ったら、こんどは「地方創生」で蘇らせるのだという。

あれよあれよという間に「地方創生」は政権の最重要課題になり、大物大臣がこれを担当する。来るべき臨時国会は「地方創生国会」と位置づけられ、次年度予算案には重点的に関連事業が盛り込まれる見込みだ。

ついこの間まで、政権は成長戦略とりわけ規制緩和で世間の耳目を集めていたのに、いまや「地方創生」がそれにとって替わった感がある。成長戦略といってもこれまで出てきたシャビーなもの以外にさしたる妙案は見つかりそうにない。そのことを見越してマスコミや国民の関心を逸らすために、焦点を成長戦略から地方創生に巧みにシフトさせようとしている。政権にはそうした思惑と期待があるのではと、ひねくれ者の筆者は勘ぐっている。

地方の側は「地方創生」には強い期待を寄せている。これまで地域活性化策や雇用対策などをあれこれやってきたが、さしたる効果をあげることはなかった。しかし、こんどの「地方創生」はなにか違うようだ。経済の停滞と疲弊に悩む地方の救世主になってくれそうだ。「消滅」を宣告された自治体は、固唾を呑んで政府の動向を見守っている。

「地方創生」に力を入れる政権にも、またそれを待ち望む自治体にも、それが始まる前から水を差すようで恐縮だが、決して過度の期待は抱かないほうがいい。特に、地方の側には、政府が打ち出す政策に安易に食いついてまたぞろ失敗し、痛い目に遭わないようよく注意してもらいたい。

新手の用語には要注意

そもそも、見慣れない四文字の漢字語が登場したときには、よほど気をつけなければならない。これまでの経験から得られる教訓である。その代表例が、小泉純一郎内閣の「構造改革」である。当時、この「構造改革」によってわが国のさまざまな課題が一挙に解決するかのごとく喧伝され、国民はこぞってこれに賛意を示した。

しかし、冷静に考えてみれば、「構造改革」とは単に構造を改革するというだけのことで、どういった理念のもとに、具体的にどこをどう改めるかということについては何も含意されていない。例えば当時地方財政の構造改革のことを「三位一体」の改革と呼んだ。これに自治体も飛びついたのだが、それは、これによって自治体が自由に使える地方税及び地方交付税交付金が増えるとともに、使途を厳しく制限された国庫補助金の使い勝手がよくなると見込んだからである。

ところが、そもそも「三位一体」の改革とは、地方税、地方交付税及び国庫補助金という自治体の三つの主要な歳入について、それらをバラバラではなく、まとめて改めようという程度の意味しかない。にもかかわらず、自治体側がこれにこぞって賛成したのは、この用語がもたらす心地よい響きに幻惑され、勝手に早とちりしたからである。

結果がどうだったかといえば、地方税はわずかに増えたものの、地方交付税は大幅に減らされ、国庫補助金の使い勝手は一向によくならないというありさまだった。地方の側が落胆したことは言うまでもないが、その反面、国の財政当局はホクホクだった。念願の地方交付税を大幅に削減できたし、国庫補助金の「うまみ」はほぼ手つかずのまま温存できたからである。彼らにとっての「三位一体」改革とは、地方税と地方交付税と国庫補助金とをバラバラではなく、ひとまとめにして自分たちに都合よく変えることであり、その思惑と目論見は首尾よく達成されたということである。

このたびの「地方創生」について、自治体はこれとはいささか違った観点から用心しておかなければならない。「地方創生」は政権の目玉政策なのだから各省あげて地方のために尽力してくれるものと自治体は期待しがちである。もちろん各省も表面的には同じことを言うが、本音は必ずしもそうではない。

一般に、官僚集団の習性として、政権がなにか重要テーマを打ち出すと、それに便乗して自分たちのやりたいことをここぞとばかりやろうとする。その典型例が東日本大震災の復興予算で、それが被災地以外の場所で被災者とはおよそ関係のない事業に乱費されていたことを思い起こしてほしい。「地方創生」でもこれと似かよったことが起こり得る。予算の仕上がりはともかく、「地方創生」に関する各省の予算要求内容を見る限りは、こじつけや悪乗りとしか思われないものが散見される。自治体が注意を怠っていると、手厚く有利な「支援」を受けるとばかり思っていたのに、気がつけば官僚やその関係業界の草刈り場になっていて、住民には不要な施設と巨額の債務を抱え込むだけの結末になりかねない。毎度おなじみの光景である。

言葉が虚しく空回りする

「地方創生」で政府は何をやろうというのか。首相官邸のホームページに掲載された安倍総理の発言から読み取れるのは、「豊かで明るく元気な地方」をつくる。「若い方々が安心して働き、子育てができ、将来に夢や希望を持つことができるような地域」にする。「各府省の縦割りやバラマキ型の対応を断固排除」する。「地域の個性を尊重し、全国、同じ枠にはめるような手法」をとらない、ということぐらいだ。

その志やよし。ただし、失礼ながらここには何ら目新しいことはなく、これまで取り上げられてきたことばかりである。豊かで明るい地方をつくるために「地域振興」や「地域の活性化」と称して多彩な事業を実施した。子育て支援や若者の定住政策にも取り組んできた。各省の縦割りの弊害はさんざん指摘されてきたし、地方の個性を尊重するとは耳にたこができるほど聞かされた。

「地方創生」という新手のネーミングで世の中に新鮮さと期待感を与えているが、それとこれまでの一連の政策との違いは何か。これまでの施策には何が欠けていて、どこが間違っていたのか。この検証とそこから得られる反省と改善がなければ、結局は「地方創生」という新しいレッテルに貼り替えただけの従来型施策に堕するのではないか。その行きつく所はこれまでと変わらない。

それはそれとして、あらためて「地方創生」を掲げたからには、手始めにまずやるべきことがある。

この分野でこれまで当然やるべきだったにもかかわらず、いまだやっていないことであり、その一つが首都機能の移転である。

かつて自公政権は「国会等の移転に関する法律」を制定した。「政治、経済、文化等の中枢機能が東京圏に過度に集中」している現状を改め、あわせて地方分権を推進することで、「自主的で創造的な地域社会の実現を図っていく」との方針も決めている。一九九二年のことだが、爾来《じらい》今日まで見るべき成果は何もない。あらためてこの法律を実践することは、まさしく「地方創生」に大きく寄与するはずだ。

また、「各府省の縦割りを断固排除」することでいえば、筆者はそのために平成二三(二〇一一)年度予算において、担当大臣として国庫補助金の一括交付金化に道筋をつけた。これをさらに進化させれば、不毛で無駄が多い各省の縄張り争いを抑えられるはずだった。

ところが、安倍政権に代わった途端、せっかく一括化していた国庫補助金も沖縄県分を除いて元の縦割りの仕組みに戻してしまった。そのこととこのたびの「縦割りを断固排除」とはどういう関係になるのか。あまりに矛盾していて、合点がいかない。総理は「従来とは異次元の大胆な政策」をまとめると力を込めているが、まずはこんな矛盾を解消することから始めなければ、いかにも言葉が虚しく、意気込みだけが空回りしているとの印象を拭えない。

教育委員会は壊すより立て直すほうが賢明

（二〇一三・六）

二〇一三年四月一五日、安倍晋三内閣が最重要課題の一つに掲げる教育改革の方向を議論している政府の教育再生実行会議は、教育委員会制度の抜本改革に関する提言を安倍総理に提出した。

現行制度上、自治体の教育行政は各教育委員会が所管する。教育委員会とは、首長が議会の同意を得て任命する五人ないし六人の教育委員によって構成される合議制組織である。一般行政では知事や市町村長など一人の首長が執行責任を持つが、中立性や公正性がことのほか要求される教育行政は複数の委員の合議によってものごとを決める仕組みをとっている。類似の合議制組織として、国の公正取引委員会や国家公安委員会、地方の都道府県公安委員会などがあげられる。

提言では、自治体の教育行政の責任を教育委員会ではなく、首長が任命する教育長に持たせることとし、教育委員会は教育長の単なる諮問機関に格下げするとしている。ちなみに、現行の教育長は教育委員の一人ではあるが、教育委員会の代表ではない。代表は教育委員長であり、教育長は教育委員兼教育委員会事務局長的立場である。

現状を追認する内容の改革プラン

さて、この改革プランが実現したとして何がどう変わるのか。こんなことを言うと身も蓋もないが、これだけではさしたる変化は見られないだろうというのが、筆者の見立てである。教育行政を所管している教育委員会を廃止するとしたら、制度上は大変革に違いない。ただ、その内容は地方教育行政の現状をほとんど追認したものでしかない。

例えば、教育委員会の実態はどうか。現行制度上五人ないし六人の教育委員たちが自治体の教育行政の責任者に位置づけられているが、その責務を全うしている教育委員会が全国にどれほどあるか。そのほとんどは、月に一度か二度の会議を開いて事務局の報告を聞き、事務局から上がってきた議案をそのまま承認しているだけではないか。これでは、今でも諮問機関とほとんど変わらない。いじめ自殺に端を発してその非力な実態が明るみになった滋賀県大津市教育委員会などはその典型だが、全国の多くの教育委員会がこれと似たり寄ったりだと考えても見当はずれではない。

提言では、教育長を教育行政のトップに位置づけ、これを首長が直接任命するとしている。教育長は現行制度では教育委員たちの互選によって任命される。したがって、首長は教育委員の選任には与《あずか》れるものの、意中の人を教育長に任命することはできないというのが建前だが、実態はそんなことはない。教育委員を任命する際にすでに教育長候補は決まっており、そのことを他の教育委員たちに因果を含めているので、互選を通じて首長の意中の人以外の人が教育長に選ばれることはまずない。今でも教育長は首長が直接任命しているのと変わりはない。件の大津市の当時の教育長も、こうしたプロセスを経て市長主導で任命されていたはずだ。

「緩衝材」としての教育委員会

では、教育再生実行会議の提言ではまったく何も変わらないのかといえば、必ずしもそうではない。現状を追認する改革だとはいうものの、それでも今までよりは教育に対する首長の発言権が強まることは間違いない。それをどう評価すべきか。八年間首長を務めた筆者の経験を踏まえていえば、首長次第で良くもなるし悪くもなり得るというに尽きるが、率直にいえばより悪くなる可能性のほうを危惧している。

教育委員会といういささかまどろっこしい存在がなくなり、首長が適宜教育長を任命することができるようになれば、これまで以上にリーダーシップを発揮できるようになる。やりたい教育改革のスピードは速くなるに違いない。

しかし、冷静に考えてみれば、迅速に改革を進められる仕組みのもとでは、改悪もまた迅速に進めることができる。教育を軽んじる首長が登場した場合、それまでのせっかくの手厚い教育環境がたちどころに剝がされてしまう事態も想定しておくべきである。

また、教育行政の性格にかんがみれば、たとえ良い改革であっても、急激な変化は避けるべきだ。子どもたちと向き合う教師一人ひとりがその改革をポジティブに捉え、それを主体的に実践するためのモチベーションを持つに至るにはそれなりの時間と手順を必要とするからだ。それらを欠いた改革は、教師たちとの間でいたずらに摩擦と軋轢《あつれき》を生む。それに対して改革者が強権で臨めば学校現場は一層混乱せざるを得ない。子どもたちにとっては迷惑なことこの上ない。

この激変を緩和する「緩衝材」としての機能が教育委員会には期待されているというのが、首長を経験した筆者の感想である。良い改革も少し時間をかけながら現場に浸透させていく。逆に悪い改革には防波堤の役割を果たしてくれるのである。

ならば教育委員会は現状のままでいいかといえば、決してそんなことはない。いくつかの例外があるかもしれないが、ほとんどの自治体の教育委員会はお世辞にもちゃんと機能しているとは言い難い。ただ、これは制度の問題というよりはむしろ運用のまずさに起因している。教育委員の「品質管理」がいい加減なのである。

教育委員の「品質管理」と権限強化

教育委員の任命に当たっては、まずは首長が委員候補を選定する。ここに手抜きはないか。その候補を吟味し、「品質管理」の責任を負っているのが選任につき拒否権を持つ議会である。しかし、実際にはほとんどの議会は適切にその役割を果たしていない。例えば、先に日本銀行総裁を選任する際、国会は本人を聴聞した。同様に地方議会も教育委員候補の「品定め」をすべきだが、一向にそれをしない。

ほとんどの自治体では議会の最終日のしかも閉会直前に、教育委員などの選任議案が首長から提出される。それを受けた議会は、通常の議案なら所管の常任委員会に審議を付託すべきところを省略し、直ちに採決に入る。本人の聴聞はおろか、提案した首長にも一切質問することはない。かくして、教育行政の責任を担う自覚や見識があるのか、教育行政に割く時間的余裕があるのかなど、大事なことは何も確認されないまま委員たちは任命されるのである。これでは「品質管理」などなきに等しい。地方議会には、国主導の的外れな教育行政改革を待つのではなく、自らの責任で教育委員会の再生のためにぜひ奮起してほしい。

最後に、首長を務めたことのある筆者としてはまことに言いにくいことなのだが、教育を本当に首長に委ねていいのかどうか、いささか心配なこともある。例えば、最近の教員の非正規化の進行である。文部科学省の調査によると、沖縄県や兵庫県、大阪府、埼玉県などでは、児童数などを基準にして決められた公立小中学校教員定数の一割を超えて正規教員から非正規教員に代替されている。

どうしてこんなことが起こるのか。正規教員を基準どおり配置するのに必要な財源は、国が毎年度これらの府県にも措置している。ところが、府県の判断で正規教員を非正規教員に置き換えると、大雑把に見積もって一人当たり四〇〇万円近くの財源を浮かせることができるという。ありていに言って教育財源のネコババであり、これを主導しているのは財政権を持っている首長ないしその配下の職員である。こうした事実を踏まえると、首長の権能をこれ以上強めるのではなく、むしろ教育委員会の権能を強化することのほうがよほど大切ではないか。

首長は民意によって選ばれ、その民意は教育に重きを置いている。だから首長は教育を蔑ろにするはずがないという説は理屈のうえでは正しいのだが、財政難の現実の中では必ずしも妥当しない。教育委員の選任を首長自身もいい加減に処理していた事実も重ね合わせると、教育は首長に委ねれば万事うまくいくとの幻想は抱かないほうが賢明だと、言いにくいことをあえて付け加えておく。

教育委員は何をすべきか

安倍政権のもとで全国の教育委員会を廃止しようとする目論見が進められている。この方向を打ち出した教育再生実行会議の提言(二〇一三年四月一五日)を受けた政府は、早速その一〇日後には中央教育審議会に対しこれを具体化するよう諮問した。

いじめ自殺問題で醜態をさらした大津市教育委員会に限らず、各地の教育委員会(五人ないし六人の教育委員たち)がその職責を全うしているとはいえず、そこから教育委員会無用論ないし廃止論は出てくる。しかし、これを廃止するより、むしろ立て直すことのほうが賢明であることはすでに指摘した。

その際、教育委員会をスポイルした最大の原因が教育委員の「品質管理」がなされていないことにあることに鑑みれば、教育委員を選任するに当たっては、議会が委員候補の識見や責任感、それに職責を果たすに十分な時間的余裕があるかなどをよく吟味する必要があることもあわせて指摘した。

ただ、教育委員会の立て直しは、「品質管理」がなされた教育委員の参入を漫然と待つのではなく、現在その任にある教育委員たちの努力によって成し遂げることも可能である。教育委員たちの覚醒を期待したい。

各地を訪れた際、現職の教育委員とお会いする機会がある。そこで教育委員会のあり方を話題にす

(二〇一三・七)

ると、みなさんは総じて「何をしたらいいか、よくわからない」と、悩んでいる。現状のままではいけないが、だからといって素人が出しゃばって事務局にあれこれ言うのも気が引ける、ともいう。

何をしたらいいかわからないときは、とりあえず原点に立ち返ることだ。教育委員会の原点とは、教育における民主主義の実現である。自治体が公教育を担い、その自治体の中では教育委員会という首長から独立した機関に教育を委ねている理由の一つは、わが国の教育がかつて国家に翻弄された苦い歴史に鑑み、教育を子どもたちや保護者、住民に身近な地域の統御のもとにおく必要があったからである。

地域の統御とは、畢竟《ひっきょう》その地域の民意によってコントロールされるということだが、その民意の激しい変化や、民意によって選ばれた首長の「気まぐれ」などから教育現場を守るための「緩衝装置」として教育委員会は設けられている。さらに、民主主義とは一人ひとりの国民・住民を政治や行政の中心に据えることにほかならないから、教育委員たちには子どもたちや保護者を大切にするオンブズマンとしての役割も期待されている。

現場に疎い国への対抗軸となれ

教育委員たちがなすべきことは以上で浮き彫りになったはずだ。その一つは、住民のいる現場の視点に立って、国への対抗軸となることである。かつてのように、国が軍国主義に傾き教育現場に軍事教練を強いるなどという事態は想定しにくいが、時として国は筋の通らないことや理不尽なことを押しつけてくる。それを跳ね返したり、是正させたりするのは教育委員会の重要な役割である。

例えば、いわゆる「学校週五日制」の導入である。その頃政府は、学校、家庭、地域社会が協力して社会体験や自然体験などのさまざまな活動の機会を子どもたちに提供し、自ら学び自ら考える力や豊かな人間性などの「生きる力」を育むことができるよう、子どもたちを地域や家庭に「お返し」したい、そのための学校週五日制だなどと説明していた。

その説明がいかに地域や家庭の実情とかけ離れ、空虚と欺瞞に満ちているかは、保護者や住民にはよくわかっていた。それは週休二日制導入への批判をかわすための方便であることも察せられていた。そうした違和感や異論が現場では渦巻いていたが、国はそれを無視して制度は強行された。案の定、国が唱えていた絵空事の効果が生じるわけもなく、今では「学校週六日制」に戻すことが検討されている。

さて、教育委員会である。「学校週五日制」が導入されようとしているとき、教育委員会は保護者たちの違和感や異論を真摯に受け止めたか。そのうえで、その政策は地域の実情にそぐわないと国を戒めたか。おそらく全国のほとんどの教育委員会は、保護者たちの声に耳を傾けることなく、逆に彼らを押さえつける役回りに徹したのではなかったか。これでは、国に対する対抗軸ではなく、むしろその先兵の役を果たしたことになる。

ここから得られる教訓は、国が新しい制度や仕組みを学校現場に持ち込もうとするとき、教育委員会はそれを鵜呑みにするのではなく、それが現場において妥当するかどうか、導入するためにはいかなる条件整備が必要かを検証し、その結果を臆することなく国に申し入れなければならないということである。そのためには、まず教師や保護者など教育現場の当事者から意見や考えを聴くことである。

これが、教育における民主主義の実践にほかならない。教育委員会はことあるごとに現場の当事者から意見を聴いてほしい。その機会となるのが、教育委員会議の場での公聴会である。

民意を汲み取る場としての公聴会

教育委員会議における公聴会は、わが国の教育委員会のモデルとなったアメリカの教育委員会では一般的である。そこでは、会議を開催するに当たって、あらかじめ議案を公表し、あわせて会議の当日誰でもそれに参加できて、その場で何らかの意見を表明することを歓迎する旨の告知がなされる。意見は個別の議題に関するものでもいいし、教育に関する一般的なものでもよいが、事前に届け出をしておく必要はある。

実際の会議の様子を見ると、そこでは保護者や地域住民、それに教師や大学の関係者なども訪れ、教育に対する意見を披瀝したり、具体的な議案について賛否を明らかにしたりしている。時にハイスクールの生徒がやってきて意見を述べることもある。教育委員会の委員たちはそうした意見のすべてに対し謙虚に耳を傾け、それらを参考にしながら議案を決したり、その後の会議の議題として取り上げたりする。

だらだらとしゃべり続ける人がいて収拾がつかなくなるのではと懸念する向きもあろうが、例えば一人の発言時間を二分に制限するとか、二〇人を超えて発言申し込みがあればその超えた人たちは次回の会議に持ち越すこととするなどのルールが決められているので、会議は概ね順調に運営されている。また、野卑な言葉や個人の誹謗中傷などは厳に禁止されている。わが国の教育委員会も、ぜひこうした先進事例に範をとり、公聴会を制度化してもらいたい。

公聴会を開くことで、学校における深刻ないじめや教師の暴力などはおそらくこれまでより速やかに問題が顕在化し、事態の解決に向かうのではないか。公聴会でその端緒を得た教育委員会は、該当の学校の関係者を会議に呼び、その考えを質せばよい。それが参考人質疑である。そのうえで、もしいじめや暴力が存在するのならそれを防止する手立てを直ちに講じるよう学校に指示するし、その手立てとして新たなスタッフを学校に配置する必要があるなら、教育委員会はその実現に尽力しなければならない。

このほか、アメリカでは教育委員が単独で、しかし正規の業務として、保護者や住民の意見を聴く機会を設けているところもある。あらかじめ日時を定め、公共図書館の会議室や地区の集会施設などを利用する。たしかに、深刻ないじめなどは、衆人環視の公聴会では発言しにくい人も多い。そうした案件は、教育委員に対し非公開の場で個別に話せる機会があったほうがいい。この場合には、教育委員はまさしくオンブズマンでもある。

教育委員の重要な仕事の一つが保護者や住民の意見を聴くことだとすれば、それ自体はさほど難しいことではない。もちろん、そこで聴いた問題を解決し、課題を政策に仕立て上げるには、それなりの手腕と力量を必要とする。ただ、それはそれとして、教育委員にはまず意見を聴くことから教育委員会の立て直しに着手してもらいたい。

教育委員会をどう再生させるか——『はだしのゲン』事件に学ぶ（二〇一三・一一）

「埒外」の教育委員と事務局の「独走」

漫画『はだしのゲン』（中沢啓治作）の取り扱いをめぐって島根県の松江市教育委員会が混乱した。二〇一二年一二月、市教育委員会は市内の小中学校に対し、学校図書館にある『はだしのゲン』を閉架にするよう要請していた。それまで児童や生徒は自由に『はだしのゲン』を手に取ることができていたのに、この閲覧制限のせいでそれができなくなった。

翌年の夏このことが明るみになり、議論が沸騰した。子どもたちにふさわしくない描写があるので閉架は妥当だとの意見もあったが、多くは「表現の自由や子どもたちの知る権利は守られるべき」として、閲覧制限を批判し、その解除を要求するものだった。

慌てた市教育委員会は臨時の教育委員会議を開き、閉架の要請を撤回することを決めた。これにより、『はだしのゲン』は再び児童や生徒が直接書架から取り出すことができる状態に戻された。「過ちて改むるに憚《はばか》ることなかれ」とはいうものの、教育委員会が右往左往する姿は無様でみっともなかった。

厳密にいうと、閉架を要請したのは教育委員会ではなかった。教育委員会の決定は五人の教育委員が集まる教育委員会議の場で行われなければならないのに、閉架の要請は教育長以下の事務局だけで決められ、教育委員たちには相談も報告もしていなかったからである。これだけ大騒ぎになる事柄なのに、教育委員たちは「蚊帳の外」におかれていたのである。

「蚊帳の外」は松江市に限らない。中学生のいじめ自殺で大混乱した大津市でも同様のことが指摘されている。いじめの事実や学校の対応などを検証するために同市が設置した第三者調査委員会の報告書(二〇一三年一月三一日)によると、教育委員たちには生徒の自殺に関する情報が伝えられていなかったし、「いじめと自死との関係は不明」とする見解を表明する際にも、教育委員たちは「埒外」におかれたままだったという。

こうしたことの結果として、事務局と学校は「第三者的チェックから逃れ」、その「独走を許すことに」なってしまったと報告書にはある。あわせて、教育委員たちが重要な意思決定から外され、事務局が「独走」する傾向は「大津市に限らず、全国の教育委員会に共通する問題点」であるとも付け加えられているが、松江市の事件ははしなくもそれを裏打ちしたことになる。

ここから得られる教訓は、教育委員会は事務局を「独走」させない仕組みをつくる必要があるということだが、それはさほど難しくない。そもそも事務局には決定権などないから、教育委員会として決定すべき事項はすべて教育委員会議の場に提出させればいい。軽微な事項は限定的に列挙したうえで事務局に委任するのがよい。これで「埒外」や「独走」は防ぐことができる。

教育委員会議をジャッジの場に

では、『はだしのゲン』の取り扱いが最初から教育委員会議に諮られていたとしたら、その後の道行きはどうなっていたか。想像の域を出ないが、これまでの教育委員会議のやり方では、おそらく結果はほとんど変わらなかったと思われる。一般に、教育委員会議では事務局から議案の説明があり、それを受けて多少の質疑はあるものの、原案をそのまま通してしまうのが通例で、松江市教育委員会もその例外ではなかろうと、失礼を顧みないで推察するからである。

それならば、「埒外」や「独走」と関係なく、教育委員会が醜態をさらしたことに変わりはないということになるが、もし教育委員会議のやり方を変えていれば、当初から賢明な判断を下すことは可能だったと睨んでいる。それにはどうすればよかったか。

その前に、これまでの意思決定プロセスの欠陥を見ておきたい。松江市では、教育委員会(事務局)が思いつきで閉架方針を決めたわけではない。事前に一人の市民から、『はだしのゲン』を学校図書館におくべきでないなどの強引で執拗な要求を突き付けられていた。その段階では教育委員会(事務局)はこの要求を拒んでいたが、当該市民から市議会に同趣旨の陳情が出され、市議会でも一部の議員がこれに賛同する意見を述べたことなどから閉架の方針を決めるに至っている。

この間、教育委員会(事務局)は陳情者や議会内の賛同者の見解にどう対応するかで頭が一杯になり、閉架にした場合に保護者や一般市民からどんな反応が寄せられるかということまで気が回らなかったのだろう。これを裁判になぞらえると、原告側の一方的な陳述を聞いただけで、裁判官が判決を下したようなもので、被告ならぬ、これに関心を持つ保護者や一般市民にとっては承服できるはずもない。当然異議を申し立てることになり、それが「表現の自由や子どもたちの知る権利は守られるべき」とする主張である。

反響のあまりの大きさに驚いた教育委員会は、今度はそそくさとその異議を受け入れ、閉架要請を撤回した。保護者や一般市民の意見を聴かないまま閉架措置を決めたときと同様、今度は件の陳情者やその賛同者たちに弁明の機会を与えることもなく撤回を決めたとすれば、陳情者たちには納得がいかないだろう。これで一件落着とはならず、のちに尾を引くことにならないかとの危惧が残る。

さて、こうした迷走と混乱を避けるにはどうしたらいいか。それには、教育委員会がこの種の申し立てに対する意思決定をする際には、公開の場で中立人のほかに保護者や一般市民、さらには関係者の意見を聴く機会を設けることである。それが先に取り上げたアメリカの教育委員会議のやり方で、それをわが国の教育委員会議でも取り入れるのがよい。

教育委員会議が開かれる日時と場所、そこに諮られる議題の内容、それについて意見を述べる機会が与えられることなどを前もって公告しておけば、当事者はもとよりその議題に関心を持つ保護者や一般市民は積極的に発言を申し出るだろう。あわせて、本件のように学校図書館の選書が論点になっているのであれば、参考人として学校図書館司書の意見を聴くことも大切だ。

こうした教育委員会議の場はあたかも裁判所のごとくである。裁判官と同じく、教育委員たちも公開の場で中立人、保護者や一般市民、参考人の意見を聴いたうえで、事実と法令と自己の良心に基づき公正な決定を下すのである。そういえば、アメリカの教育委員会議の場のレイアウトは裁判所のそれによく似ていて、一列に並んだ教育委員たちに向かって証言台が据えられ、その背後に傍聴席があるのが一般的だ。

ともあれ、こうしたやり方を取り入れることで、激しく対立する意見や要求に教育委員会が翻弄され、立ち往生したり、右往左往したりする事態は避けられる。対立する人たちも、それぞれ公に主張する機会があったのだから、それを踏まえたうえでの決定にはそれなりに納得できるはずだ。

それでも納得できない人はどうすればいいのか。あまり知られていないが、地方自治法第二五五条の四に「審決の申請」という手続きが定められている。教育委員会を含む自治体の機関が行った処分により権利を侵害されたと思う者が、他に不服を申し立てることができる制度が見当たらないときに活用できる仕組みである。市町村の機関がした処分については都道府県知事に申請する。申請に対する知事の処分に不服があれば、最終的には司法の場に持ち込むこともできる。

事務局を含む教育委員会の関係者は自分たちだけでものごとを完結的に処理しようとせず、当事者や市民の意見を広く聴いたうえで判断し、しかしそれに納得できない人がいれば最後は司法の決定に淡々と従う。こうした姿勢で臨むことによって、一部の人から過剰な説明責任を求められて立ち往生するようなこともなくなり、落ち着いて職責を果たせるようになるはずだ。改革は自分たちのためでもあると認識するのがよい。

全国学力テストと首長の勘違い

（二〇一三・一二）

全国学力テストをめぐって静岡県の川勝平太知事の言動が物議を醸した(二〇一三年九月九日知事記者会見録ほか)。知事は、静岡県の公立小学校の国語A(基礎問題)の成績が都道府県別で最下位だったことの責任は教師にあるとし、平均正答率下位一〇〇校の校長名を公表する考えを明らかにした。懲罰的な意味を込めてのことだろう。公表に躊躇《ちゅうちょ》する県教育委員会との悶着を経た後、一転して上位八六校の校長名を公表して事態は収束した。

記者会見録により一連の発言に目を通すと、そこには知事の甚だしい勘違いが見られるし、その思考過程は論理的でも科学的でもないのが気にかかる。ただ、これを一笑に付して終わるのはもったいない。この種の勘違いは他の人にも見られるし、そこからは自治体の長が教育行政において担うべき役割が反面教師的に読み取れるからだ。

基本はルールに従うこと

まず、戒められなければならないのは、この件は知事の管轄下にないということだ。全国学力テストに公立小中学校が参加する場合の主体は市町村教育委員会である。テストの成績を公表するかどうかが議論されるとすれば、第一義的には各市町村がそれぞれ判断すべきものであって、もともと県がどうこうする筋合いのものではない。

県教育委員会は文部科学省から結果の提供を受けるので、県内全域のテスト結果を把握している。ただ、それは県教育委員会が市町村教育委員会に対して助言や連絡をする役割を担っているからで、主体はあくまで市町村であり、県は従たる立場にすぎない。その県が市町村を差しおいて、自ら結果公表に乗り出すなどもってのほかで、それは知事であろうと県教育委員会であろうと同じである。県は身のほどをわきまえなければならない。

ただ、県はそれですまない局面に立たされることもある。県全域のテスト結果について情報公開請求がなされたときである。ここでは、たとえ従たる立場であったとしても、県教育委員会にテスト結果が存在する以上、潜在的には情報公開請求の対象となる。

情報公開請求があれば、県情報公開条例に従って処理することになる。不開示の特例に該当するなら開示できないし、該当しなければ開示するだけだ。ただ、不開示の対象を特定する規定の書きぶりが曖昧であれば、開示あるいは不開示のいずれとすべきか判然としないこともある。このたびのケースでいえば、文科省からの非公表の要請が情報公開条例上どう判断されるのかなどといった点である。静岡県情報公開条例でも解釈が分かれる余地がありそうだ。

ちなみに、筆者が鳥取県知事を務めていたときにも学力テスト結果を公表すべきかどうか議論になったことがある。当時の県情報公開条例の規定がやはり曖昧だったこともあり、その機会に条例を改正し、学力テスト結果の公開請求に対する処理ルールを具体的に規定した。詳しいことは省略するが、静岡・鳥取両県の情報公開条例の該当部分(二〇一三年一二月現在)を比較してみると、彼我の違いがわかるはずだ。

実はこのたびの公表騒動も、県情報公開条例ではどうなるかということを踏まえて議論されるべきだった。情報公開請求により開示する代物なら、知事と県教育委員会が押し問答する必要はなく、あっさり公表したらいい。しかし、条例上不開示対象となる情報なら、知事といえどもそれを公表することはできない。それだけのことだ。

知事がどうしてもテスト結果を公表すべきだと考えるのなら、県情報公開条例の見直しから始めるべきだろう。開示対象であることが条例で明確にされれば、県教育委員会も文句はいえないし、非公表にせよとの文科省の要請にも抗することができる。現行条例の規定が曖昧なら、この際改正しておくのがよい。曖昧なままだと、知事と県教育委員会のいさかいでは終わらず、県民と県との争いが裁判所に持ち込まれることになる。こんな転ばぬ先の杖を用意するのも知事の仕事だろう。

読書環境を整えるのは行政の責任

川勝知事は子どもたちの国語の成績が悪いのは読解力が低いからだとし、日頃の読書習慣の大切さに触れている。一般論として筆者もその点には共感を覚える。ただ、子どもたちに読書習慣が身についていないのはひとえに教師が悪いからだと決めつける論法には根拠も説得力もない。

子どもたちの読書習慣に教師の力量がかかわることは間違いないが、それだけではない。例えば、学校図書館のありようも重要な要因となるはずだ。蔵書が充実し、学校図書館司書が配置され、日々子どもたちに本の魅力を伝えられる環境が整っているかどうか。

興味深いデータがある。文科省が調査している「公立小中学校における学校図書館図書標準の達成状況」である。「図書標準」とは、学校図書館が整備すべき蔵書の標準として国が定めた基準をいう。それによると、都道府県間だけでなく同一県内の市町村間にもかなりのばらつきがみられる。静岡県でも、すべての公立小中学校でこの基準を満たしている市町村もあれば、基準を満たしている学校が一校もない市町村もある。基準を満たしているかどうかは学校図書館の魅力にかかわることで、子どもたちが平素学校図書館に足を運ぶかどうかにも影響する。

別の同じく文科省の調査では、公立学校における司書教諭と学校図書館担当職員の配置状況を都道府県別に知ることができる。司書教諭とは学校図書館のためにおかれる教員であり、学校図書館担当職員とは学校図書館司書などをいう。両者が協力して学校図書館を切り盛りすることが期待される。

平成二四(二〇一二)年度の調査結果では、静岡県では一二学級以上の小学校にはすべて司書教諭を配置しているが、一一学級以下の小規模校への配置率は三六・五%である。他県の中には鳥取県のように小規模校であってもほぼ一〇〇%配置している県もあることから、静岡県がこれまで学校図書館について特に力を入れてきたようには思えない。それはそれとして、ここでの問題は、静岡県内では大規模校には司書教諭が配置されているが、小規模校では必ずしもそうでないということだ。県の施策に起因して学校図書館の環境に格差が生じているが、果たしてこれが子どもたちの読書習慣に影響してはいないか。

また、同じ調査結果によれば、静岡県内の公立小学校における図書館司書などの配置率は七六・二

％である。学校図書館司書などが何らかのかたちで配置されている学校も多いが、配置されていない学校も相当数あることがわかる。学校図書館に担当の人がいるかどうかは、子どもたちが本に親しむ習慣を身につけるうえで決して無視できない。この読書環境の格差は各市町村の学校図書館に対する姿勢や施策の違いによって生じるものであり、現場の教師にはいかんともしがたい面がある。

かくして、子どもたちの読書環境には、県の施策や市町村の力の入れ具合によって、学校ごとあるいは市町村ごとに大きな違いが見られる。それが子どもたちの読書習慣に影響を及ぼさないわけがないと思うのだが、そんな事情には目をつぶり、教師の責任だけを追及する知事の言い分は稚拙で著しく合理性を欠いている。

教師の力不足をあげつらうかわりに、知事には子どもたちの読書環境を改善するためにやれることはある。例えば、島根県では県内のほとんどすべての小中学校に何らかのかたちで学校図書館司書が配置されている。市町村が力を入れているからなのだが、これには溝口善兵衛知事の尽力が大きい。知事は二〇〇八年に島根県松江市で開かれた学校図書館司書たちの全国大会に出席し、現場の司書たちの声に耳を傾けた。それがきっかけとなって、島根県では学校図書館司書の人件費を県が助成する仕組みを作って市町村の後押しを続けてきた。子どもたちの読書環境を充実させるため、地道で着実な取り組みをしている知事もいることをこの際あえて紹介しておきたい。

竹富町教科書問題をめぐる文部科学省の愚

（二〇一四・六）

沖縄県竹富町への文部科学省の対応には首を傾げざるを得ない。二〇一四年三月、竹富町の中学校で使用する公民の教科書を別会社のものに変えるよう、地方自治法に基づき「是正の要求」をしたのである。鶏を割くに焉《いずく》んぞ牛刀を用いんや。しかも、竹富町は割かれる理由などないのに、文科省は大きな包丁を振りかざしている。

「是正の要求」とは、自治体に対する国の関与類型の一つで、自治体の事務処理が法令の規定に違反しているときなどに限り認められる。ただ、「是正の要求」を含めて国の関与は「必要な最小限度のもの」とし、かつ、自治体の「自主性及び自立性に配慮しなければならない」と地方自治法（第二四五条の三）は規定し、国に謙抑的態度を求めている。

このたびの文科省による「是正の要求」は、竹富町が教科書無償法（義務教育諸学校の教科用図書の無償措置に関する法律）に定められた方式によらないで教科書を採択したことが違法であるとの認識に基づいている。

教科書無償法では、小中学校で使用する教科書は、都道府県教育委員会が設定した「教科書採択地区」ごとに、地区内の自治体が協議して、それぞれの科目で同一のものを使用しなければならないとされている。竹富町は近隣の石垣市及び与那国町とともに一つの採択地区に属しているのに、他の二市町と異なる教科書を使用しているのはけしからんというのが文科省の言い分である。

竹富町が非難される謂われはない

たしかに、竹富町は一見教科書無償法に違反している。しかし、別の見方もできる。義務教育などの基本を定めた地方教育行政法（地方教育行政の組織及び運営に関する法律）では、公立小中学校で使用する教科書を選定する権限は市町村の教育委員会にあるとされているからだ。これによれば、竹富町が単独で教科書を採択したことになんら問題はない。

一般に、法律間に齟齬《そご》や矛盾があって紛争が生じた場合には、司法が適用されるべき規定の優先劣後を決めるが、その際の判断基準としては、例えば同じレベルの法律間であれば、「後法優越の原則」が適用される。文科省もおそらくこの考えで、あとから制定された教科書無償法が優先すると解釈しているのだろう。

しかし、地方教育行政法と教科書無償法は決して同一レベルの法律ではない。前者はその第一条にもあるとおり、自治体における「教育行政の組織及び運営の基本を定めることを目的」とする基本法であり、後者は教科書の無償措置の手順などを規定した個別の手続き法に過ぎない。仮にその手続き法で基本法の規定を排し、それに替わって別の規定を適用する旨明示しているならともかく、そうでなければ基本法を優先するのが素直な解釈である。

加えて、地方自治の大原則を規定する憲法第九二条は、自治体の組織や運営に関する事項を定める法律で、「地方自治の本旨」に基づかなければならないとしている。「地方自治の本旨」とは、自治体の主体性と住民の意思を最大限尊重するという意味だから、各自治体の主体性や住民の意思を蔑ろにするような法律を作ることはまかりならんと、憲法が国会や政府に命じていることになる。

この憲法の原理からしても、相互に矛盾する内容を含む二つの法律の規定のうち、自治体の主体性を損なう内容の教科書無償法ではなく、自治体の主体性を認めている地方教育行政法の規定のほうが優先されるべきは明白だろう。

報道によれば、竹富町は「教科書採択地区」での「協議」を経ないまま教科書を選定したわけではない。協議はしたものの、それが他の二市町との間で整わず、やむなく独自に採択したという経緯があるようだ。

百歩譲って教科書無償法の規定の効力を認めたとして、協議が整わなかった場合の解決法は示されていない。では、とことん話し合っても結論がまとまらないようなときはどうしたらいいのか。

協議は評決や議決とは異なるから、多数決にはなじまないし、くじ引きやじゃんけんも論外だ。そんなときは原点に戻り、協議を閉じてそれぞれの市町村で責任を持って決めるとするのが常識的な解決方法だろう。であるならば教科書無償法に従ったとしても、竹富町の行為は非難するに値しない。しかも、竹富町が採択しているのは、文科省お墨付きの検定済み教科書であるから、検定制度の是非はこの際おくとして、この点でも問題はない。

こうした事情と背景がありながら、相矛盾する二つの法律のうち効力のないほうの規定を楯にとり、臆面もなく小さな自治体に「是正の要求」を突きつける文科省は、理性と冷静な判断力を欠いていると言うほかない。

木を見て森を見ない文科省の憲法違反

いったい、教科書無償措置の目的は何か。それは「義務教育は、これを無償とする」とする憲法第二六条の規定を具現化することであって、近隣の市町村と同一の教科書使用を義務づけることなどではない。

国は、地区採択を求めるのは、児童や生徒が転居した際に同一の教科書で勉強できるようにしたほうがいいからだなどと言っているらしいが、そんなことは余計なお節介だ。文科省には、転居は近隣自治体間がもっぱらだということを証するデータでもあるのだろうか。仮に一部の地域にそうした傾向がみられたとして、そうでない地域も含めて全国津々浦々に地区採択を義務づける必然性はどこにあるのか。もし近隣自治体との間で人口移動が激しい地域があったり、あるいは市町村ごとの教科書選定作業が大変で困難を極めるような事情が自治体にあったりするのであれば、関係自治体がそれこそ協議して、自主的に同一の教科書を採択すればいいだけのことで、国が首を突っ込むことではない。

瑣事に躍起になっている間に、文科省には大切なことがわからなくなったようだ。竹富町の生徒に国による教科書無償措置を停止していることの重大性に気づいていないからだ。これは憲法第二六条の義務教育無償原則だけでなく、竹富町の中学生を他の地域の中学生と異なる扱いをしているという点で憲法第一四条の法の下の平等の原理にも、国として違反している。それはたとえ町の無償措置があっても変わることはない。

教科書無償法による採択手順を踏んだ場合のみ無償措置の対象とすると同法に規定しているから問題ないと、文科省は反論するのだろう。しかし、竹富町に非があろうとなかろうと、役場いじめのとばっちりを無辜《むこ》の中学生に食わせていいはずがない。坊主憎けりゃ袈裟まで憎いのか、子どもたちを大事にすべき文科省が、その子どもたちを巻き添えにして憚らない姿は、愚かで浅はかと言うほかない。

自治体は国から不当な関与を受けた場合には、国地方係争処理委員会に対し審査の申し出をすることができるが、竹富町はこれをしなかった。国の機関である委員会が、今の内閣のもとで文科省に不利になるような結論を出せるはずがない、と睨んだのだろう。それも一理ある。

ただ、筆者の見るところ、委員会のメンバーはそれなりに公正に選ばれているし、地方自治に関して高い見識を持つ委員も少なくない。竹富町には委員会の場で正々堂々と自らの見解を述べる選択肢もあったのではないか。多少の手間暇はかかるが、文科省の軽はずみな行為とそれに薄弱な論拠を与えている教科書無償法の規定のいずれもが憲法違反であることが明らかになる可能性はあったように思う。

今後、「是正の要求」に従おうとしない竹富町を相手に文科省が提訴することも考えられる。竹富町は嫌でもこれに応ぜざるを得ないが、文科省の非を正すには絶好の機会だと受け止めたらいい。直接的であれ間接的であれ、この問題で竹富町に声援を送る人は筆者を含めて少なくない。

6 教員駆け込み退職と地方自治の不具合

（二〇一三・四）

埼玉県では二〇一三年三月に定年退職を迎える教職員のうち、一月中に早期退職した者が一〇〇人を超えたという。卒業や学期末を控えた一月末の段階で、学級担任などの教師が早々と退職するのは尋常ではない。これまで六人の子どもを学校に通わせた一人の保護者として、一月末で教師がいなくなることによってもたらされる子どもたちの困惑や不安がどれほどのものか、痛いほどよくわかる。

埼玉県の上田清司知事は記者会見で、「残り二カ月で学級担任が辞めるのは不快な思い。無責任のそしりを受けてもやむを得ない」と、早期退職を申し出た教職員たちに不満を述べた。また、下村博文文部科学大臣も、「責任のある立場の先生は、最後まで誇りを持って仕事をまっとうしてもらいたい。許されないことだ」と憤ったと伝えられている。

いったい、どうしてこんな事態が起こったのか。上田知事や下村大臣が批判するように、教師の自覚や誇りが足らないが故に起こったのだろうか。他に原因はないのか。ことは埼玉県だけにとどまらない。他の多くの府県や大都市でも似たようなことが起こっている。

自治体の最重要の課題である義務教育の現場で、しかも全国のあちこちで発生したこの不具合の原因と背景を解明しておくことは、今後の教育改革を進める際に何が重要であるかを見定めるうえで極めて大切なことではなかろうか。

唯々諾々と国に従う自治体

埼玉県におけることの発端は、二〇一二年一二月県議会で「職員の退職手当に関する条例」が改正されたことにある。これにより、例えば勤続三五年以上の職員が翌年三月末に退職した場合、改正前の水準より退職手当がおよそ一五〇万円減額されることとなった。ただし、時期を早めて一月末までに退職すれば、その減額を免れ、満額支給されるとの特例も設けていた。

考えてみれば、これは企業が人員整理をするときの手法と同じである。一定の期日までに早く辞めてくれれば退職金を割増支給する。あるいは、一定の期日後は退職金が減額になるので、いまのうちに辞めるべし。いずれにしても、その一定の期日までに辞めてほしいとの明確なメッセージが込められている。

実は、埼玉県の条例も同じメッセージを発したことになる。二月以降も在職するなら減額というペナルティが科されるからだ。もし、一月末までに早期退職した教職員たちが批判されるのであれば、企業の整理解雇の募集に応じて早期退職を決意した社員が、「無責任だ」と経営者から非難されるようなものだ。知事の教職員批判は支離滅裂としか言いようがない。

ただ、この条例改正を提案した知事には、教職員に「一月末退職」を促すつもりなど毛頭なかったはずだ。では、何故にこんな条例を県議会に提案したのか。知事は県議会において、「一一月一六日に退職給付の官民均衡を図るための国家公務員退職手当法等の一部改正法案が国会で可決・成立したので、これに伴い埼玉県でも国に準じて退職手当の支給水準を引き下げる」という趣旨の説明をしている。国にならって改正するということである。

おそらく、国と同じ取り扱いをするのだから、何も問題は起こらないとたかをくくっていたのだろうが、そこに落とし穴があった。その一つは、改正された国と埼玉県の制度はほとんど同じなのだが、施行時期に違いがある。国の法律は二〇一三年一月一日から、埼玉県の条例は同年二月一日からそれぞれ施行されるから、両者には一カ月のズレがある。

国家公務員を先の試算にあてはめると、一二月三一日までに退職すれば満額支給され、それ以後だと一五〇万円減額される。では、国家公務員が一二月末までに早期退職をするかといえば、決してそんなことはない。三月まで勤めあげれば一二月に辞めるより退職金は一五〇万円ほど減額になるものの、一月から三月までの三カ月分の給与及び三月のボーナスをもらえるから、金銭的なことだけでいえば早期退職をすることのメリットはない。

一方、埼玉県では、三月末まで勤めてももらえるのは二カ月分の給料とボーナスで、その合計額は一五〇万円を下回る。まさしく三月まで働いた者がペナルティを科されるわけで、そんな理不尽なことがあってはならないことぐらい、子どもにもわかりそうなものだ。この改正案を提案した知事がそれに気がつかなかったとすれば、失礼ながら考える力がなかったというほかない。

また、国は自治体と違って現場部門は多くない。特に義務教育の分野では国立大学の附属小中学校はあるものの、教職員の数は知れている。一方、地方公務員の中でもっとも数が多いのは小中学校の教職員である。もし、自治体が国の制度にならうのであれば、こうした彼我の態様の違いには十分注意する必要がある。しかし、今回はその注意も怠っていた。

注意が足らなかった点では国も同罪である。自分たち国家公務員の退職手当が減額されるとなったら、直ちに全国の自治体に対し国と同様の措置を取るよう要請したからだ。自治体には教育現場があり、特段の配慮がなされるべきであることを理解していたとは思えない。そこには、国家公務員と地方公務員との横並び意識はあっても、現場に混乱をもたらしてはいけないという至極当然の配慮は見られない。

議会が機能していない

この条例を最終的に決めたのは県議会である。議会はいったい何をしていたのか。本来立法機関である議会は、首長から提案された条例などの議案に欠陥はないか厳しくチェックする責務を有している。案をつくった首長とは別の立場や視点で吟味し、点検するのが議会の重要な役割である。

では、この条例に関し、どんなことが議論されていたか。該当の一二月県議会の最終日にこの議案をめぐり討論が行われている。この議案への反対討論を行った議員の発言を議事録で探すと、反対する理由として、退職手当減額が職員とその家庭の将来設計を狂わすこと、職員の士気をそぐこと、地域経済に打撃を与えることなどをあげている。こうした点は大いに議論したらいいと思うが、気になるのは、早期駆け込み退職を助長し教育現場を混乱させかねないとの危惧や懸念には触れられていないことである。あえて的外れとはいわないが、肝心のことに思いが至っていない憾《うら》みは残る。

ともあれ、議会は原案のまま条例を成立させている。議会のチェック機能はまるで果たされていない。もっとも、地方議会がチェック機能を果たさないのはこの件に限らない。全国市議会議長会などの統計を見ても、首長提案の議案のほとんどは無傷で議会を通過している。

その理由はいろいろあるが、ここでは一つの原因だけをあげておく。それは、地方議会が総じて執行部の説明しか聴かないからである。執行部の職員たちは、この議案に問題はない、これしかないと議員に説明し、根回しする。しかし、そんな説明などをあてにしてはならない。議案を認めてもらいたい一心の職員が、この議案は問題だらけだなどと教えてくれるはずがないからだ。問題があるかないかは、職員の説明にかかわらず議員自ら検証しなければならない。

では、その検証はどうやって行えばいいのか。それには当事者(この場合は定年退職者自身や学校長、保護者など)や住民の意見を聴いてみるのがいい。そのために、地方自治制度には議会における公聴会や参考人質疑の仕組みが用意されている。もし、埼玉県議会で当事者や住民から意見を聴いていれば、この条例案の問題点が明らかになっていたに違いない。

全国の地方議会では、公聴会や参考人質疑はほとんど活用されていないが、今回のような事態を閲すればその必要性が痛感されるはずだ。無思慮に教育現場を混乱させることなど再び生じさせないよう、議会はぜひ当事者や住民から意見を聴くようにしてほしい。これが、昨今あれこれ議論されている議会改革のまずは第一歩だと思う。

小平市住民投票に見る自治の不具合

（二〇一三・八）

二〇一三年五月二六日、東京都小平市において、市内を貫通する都道の整備計画の見直しの是非を問う住民投票が行われた。大規模公共事業に対する市民の反応を探るにはいいチャンスだったが、投票率が住民投票を有効に成立させる条件とされていた五〇％を下回ったため、住民投票は不成立とされた。あわせて、開票すらされていない。

この住民投票は小平市議会が制定した住民投票条例に基づき実施された。もっとも、この条例は市長が提案したものでもなければ、市議会が自ら発案したものでもない。都道の整備計画に疑問を抱く市民たちが、地方自治法で認められた直接請求の手続き（有権者の五〇分の一以上の署名）を経て議会提案にこぎつけたものである。議会は市民発議の条例案に若干の修正を施したうえで成立させている。

かいつまんで言えばこれだけのことなのだが、この件をつぶさに見てみると、実に興味深い論点がいくつか見出せる。現行地方自治制度には明らかに欠陥があるし、草の根で自治を運営する人たちがひょっとして自治の本質を理解していないのではないかという疑念などである。

「除け者」にされる市民

自治体の立法の権限は、住民が選んだ議員で構成される地方議会に属する。その議会に条例案を提出できるのは議員たちか、あるいは首長である。ただ、住民にとって必要な立法に議員も首長も取り組もうとしない場合があるから、住民自身が条例案を発議し、それを議会で審議させる仕組みが補完的に設けられている。条例制定改廃の直接請求である。一定数の署名を集めることで、住民にも条例提案権が実質的に付与されるのである。

ところが、署名が集まり、住民発議の条例案が日の目を見るようになっても、それを議会に提案するのはあくまでも首長であり、住民には正式の提案権者としての地位が認められていない。

しかも、首長が提案する際には自分の意見を付記できることになっているので、住民発議の条例案に反対する旨の意見を付すことも可能である。現に小平市の住民投票条例案も、市長は否定的見解をたっぷり付して議会に提案している。

直接請求を成立させた市民にしてみれば、心穏やかでない。自分たちの条例案が議会にデビューするその日からさんざん貶《けな》されるのである。しかも、貶すのは条例案を取り次いでくれる首長なのだから、腹立たしいことこの上ない。

直接請求をした市民たちには、議会で意見を述べる機会が法律上与えられている。本件でも、請求代表者三人が合わせて三〇分間本会議での意見陳述を許された。議事録を見るかぎり、市民たちが議会で発言させてもらったのは、後にも先にもこのたったの三〇分間だけである。

ところが、条例案を嫌々提案した市長以下の執行部は、本会議及びこの条例案を付託された特別委員会の審議を通じてさんざん自分たちの意見を述べている。議事録によると、条例案に反対する議員が執行部と通謀し、得たりやおうと両者で条例案を貶し合っている場面もしばしばである。

こんな理不尽をなくすには、直接請求に基づく条例制定の提案者は首長ではなく、当の市民たちとすべきだろう。有権者の五〇分の一以上の支持を得た者には正規の提案者としての地位が認められてしかるべきである。それによって、議会の審議においては請求者の代表が提案者として質疑に応じることができる。

惰性から抜けられない地方議会

住民投票条例案の審議の内容は議事録で追うことができる。そこからは小平市議会にとどまらず、わが国の多くの地方議会が患っている「生活習慣病」を発見することができる。その一つは、常に執行部に相手をしてもらわなければ、議会を成り立たせられない習性である。

二元代表制を採用するわが国の地方自治制のもとでは、議会は議会の意思で独自に運営することが想定されている。必要があれば首長やその部下職員を呼んで説明を求め質問すればいいが、そうでなければ執行部を同席させることはない。むしろ、審議する案件の関係者に来てもらい、説明を受けたり、事情を尋ねたりするほうが有効な場合が多い。このたびの市民による直接請求に基づく条例案の審議などはその典型で、請求した市民たちの代表者をまず参加させるべきだった。

ところが、この条例案の審議に当たっては、請求代表者は本会議で先の意見陳述を許されただけで、本格的な審議が行われた特別委員会の場では説明をする機会もなければ、議員から質問を受けることもなかった。議員たちは本来の当事者を抜きにして、ひたすら執行部職員を相手に質疑を繰り返すのみである。

住民投票に反対の議員は、執行部から「本件は住民投票になじまない」との答弁をもらって溜飲を下げる。住民投票に賛成の議員は執行部を説き伏せられず、「議論がかみ合わない」などと不満をぶつけている。住民投票に反対する執行部が、通り一遍の質疑で折伏《しゃくぶく》されるはずもない。不毛なやりとりに貴重な時間を費やすより、その場に市民の代表者を呼んで条例案の内容でも質《ただ》せばいいと思うのだが、議員たちは議場で執行部以外の人を相手にしないとの惰性に陥ったままである。

「市民参加」の形骸化

本会議で意見陳述した三人の請求代表者のうちの一人が、その陳述の中でとても重要なことを指摘していた。市民参加の形骸化である。

直接請求するに至った経緯に触れて、「日本は民主主義の国と言えるのだろうかという疑問が強くなって」きたとしている。「市民参加はあくまでも形式だけ」で、「都の計画を受け入れることだけ」を求められたにすぎない。東京都は都道の整備計画について市民によく説明したというが、数百人が参加した説明会ではかなりの時間を都が作成したビデオの上映に充て、残り時間の質疑では多くの人が質問しきれないままだったという。

また、小平市はこの都道の整備計画に市が同意したのは「市都市計画審議会からこの計画は妥当である旨の答申がなされた」からだと説明するが、市の都市計画審議会委員一五人のうち三分の一は国や都の公務員だし、二人の公募委員も市が自分たちで選んでいるありさまで、審議会委員の一人が

「書類さえ整っていればすべて認めることになっている」と告白していたと明かしている。

この意見陳述が真実だとすれば、市民参加などまさしく形骸化していると言わざるを得ない。この発言を議場で聴いていた議員たちはいったいどう受け止めたのだろうか。都の説明会が実際はどうだったのか、参加した市民や都の職員を呼んで議会として点検しておくべきではないか。

市の都市計画審議会が「書類さえ整っていればすべて認める」のだとしたら、市の都市計画行政への信頼は大きく棄損される。実にゆゆしき問題である。意見陳述の内容が当たっているかどうか、議会として関係者を質すべきではないか。

小平市には自治基本条例があり、その中では市民の「市政に参加をする権利」が高らかに謳われている。基本条例を提案したのは市長だが、それを是としたのは議会である。その議会において、「市民参加はあくまでも形式だけ」だから、やむなく住民投票を求めたのだと異議を申し立てられたのである。自治基本条例を本気で成立させた議会なのであれば、意地でも事実を確かめ、必要があるなら都市計画審議会の構成や運営を改めさせねばなるまい。

それとも、審議会や市民参加など所詮そんなものだと冷笑して済ます議会であれば、市政の重要事項を託するに値しない。そんな議会のもとでは、これからもなにごとにつけ住民投票を求める市民運動が起きても不思議ではない。

地域の安全と地方分権

――JR北海道の不祥事から考える

（二〇一四・三）

JR北海道のニュースに接して唖然とした。二〇一四年一月二二日の朝刊各紙が報じるところによると、レールを点検した際の数値記録を改竄《かいざん》することなど日常茶飯事で、保線担当四四部署のうち三三部署で改竄していたそうだ。しかも、改竄は現場の管理職の指示や本社社員の関与もあるなど組織的で、担当者間で改竄の手口を引き継ぐことも常態化していたことが明らかになったという。

そもそもレールを点検するのは、事故が起こらないように危険箇所を把握するのが目的で、それを見つけたら速やかに改修することで事故は未然に防止できる。ところが、危険箇所が存在することを隠して、それを改修することを怠ってきたのなら脱線事故が起こってもなんら不思議ではない。

いったいこの人たちは何のために点検を行っていたのだろうか。点検して危険箇所が見つかっても改修しないで放置するだけなら、そもそも点検などしなくてもよさそうなものだが、関係法により点検を義務づけられているからやらざるを得ない。さすがに、法律で義務づけられていることはやるという「形式的遵法精神」だけは持ち合わせていたということか。

このJR北海道に国土交通省がいくつかの命令を下した。そこでは、例えば経営陣が改竄の悪質性を認識するよう求めている。ということは、会社は安全検査の数値改竄がいけないことだと認識していなかったということなのだろう。

また、安全部門トップの鉄道事業本部長を安全統括管理者から解任するとともに、安全対策を助言・監視する第三者委員会を設置せよとも命じている。要は、会社の安全管理体制もそのための人事もまるでなっていないと国交省から言われているに等しい。ＪＲ北海道にとっては面目丸つぶれの命令だが、ここは心機一転、体制と意識を変革して再出発してほしい。その際、鉄道事業者にとって一番大切なことは乗客の安全だという本来のミッションを再確認することから始めてもらいたい。

国の組織もミッションの誤り

体制と意識を変革し、ミッションを再確認してもらわなければならないのはＪＲ北海道だけではない。このたび厳しい命令を発した国交省のことを放っておくわけにはいかない。国交省はいまになって居丈高にＪＲ北海道を断罪しているが、これまでいったい何をしてきたというのか。

国交省には鉄道会社を監督する権限と責任があり、鉄道会社が業務を安全に行っているかどうかを確認する責務がある。そのために鉄道会社の安全管理規定をチェックし、必要がある場合には業務状況を報告させ、あるいは会社の事務所や事業所に立ち入り、帳簿書類のほか施設そのものを検査する権限を付与されている。

それならば、相次ぐ事故を起こしたＪＲ北海道の安全管理はどうなっているのか、徹底して検査する責務が国交省にはあったはずだ。安全管理規定は現場で励行されているか。帳簿書類は適正に整えられているか。その帳簿に記載された数値と現場の数値が一致するかどうか、実地に計測してみる。

検査官はそれぐらいの労を厭うべきではない。

もし実地に計測していたら、その時点で改竄は見抜けていたはずだ。なにせ、四四のうち三三、全体のおよそ七割の部署で改竄が行われていたというのだから、どこかで帳簿と実地の食い違いが判明していたに違いない。

果たして国交省の鉄道安全管理部門はこれまで十分な働きをしてきたのだろうか。手抜きや遠慮はなかったか。これについて筆者には気にかかることがある。原子力の安全部門が批判されたのと似た病理を、鉄道安全管理部門も抱えているのではないかという点である。

かつて原子力発電所の安全をチェックする原子力安全・保安院は経済産業省資源エネルギー庁に属していた。その資源エネルギー庁は原子力発電を推進する役所であって、安全は二の次とまでは言わないが、保安院の地位と士気は低かった。

それと同じような事情が国交省の鉄道局の中にありはしないか。鉄道局の組織機構図を見ると、明らかに局の主流は幹線鉄道や都市鉄道の整備を担う課だったり、鉄道運送の振興に当たる課だったりする。鉄道の安全を確保する部門は一つの課にもなっていない。局内で光が当たらず、肩身が狭いだろうと、かつて官僚機構の中に身をおいていた筆者にはその内情が窺える。

官庁に限らず組織論の観点からは、ミッションが相克する部門を同じ組織内に同居させるべきではない。同居していると、どうしても力の強い側のミッションが、弱い側のミッションを封じ込めることになりがちだからである。その好例(悪例)が、原子力発電を推進するミッションが原子力の安全を確保するミッションを抑えつけていた資源エネルギー庁の失敗だった。

遅きに失した感はあるが、原子力安全部門を資源エネルギー庁から分離したことは間違っていない。同様に、鉄道の安全管理部門を鉄道事業推進部門から切り離し、別途に組織編成するのが、このたびのＪＲ北海道の失敗から得るべき教訓の一つだと思う。

道州制特区で鉄道安全事務の移譲を

では、これをどこに担わせるべきか。ここは新たな発想で、政府から切り離して北海道庁に事務と権限を移譲してはどうか。ＪＲ北海道の利用客のほとんどは北海道の住民であり、道庁はその住民の生活を守ることを最大のミッションとしているのだから、この移譲によって少なくともミッションの相克は解消される。

しかも、北海道は特別の法律に基づき「道州制特区」になっている。良し悪しは別にして将来の道州制の導入をにらんで、当面北海道だけを対象に、国が持っている事務や権限を大幅に移譲しようとする試みである。北海道には全国の他の地域とは違って、大々的な権限と事務の移譲が想定され、期待されている。

これまでのところ道州制特区とは名ばかりで、その実質はほとんど何も進んでいない。道州制特区として北海道に特別に移譲された事務や権限を列挙せよといわれても、めぼしいものは何もない。しいてあげれば、商工会議所の定款の変更の認可権ぐらいだが、こんなものは全国一般の構造改革特区として移譲対象にすれば足りる代物で、道州制とはおよそ無縁である。

ところが、鉄道の安全管理の権限は、今後道州制を導入するとした場合には、これと深く関係する。

というのは、万が一現時点で国から地方への権限移譲を大胆に進めることになったとしても、一般的に鉄道の安全管理の権限はこれになじまない。例えば山陰本線を例にとると、関係府県は京都府から兵庫県、鳥取県、島根県、山口県にまで及び、その権限を府県ごとに区切って移譲しても適切に処理できそうにないからである。

そこで、鉄道監督などの事務を移譲するには現行の四七都道府県体制ではなくて、道州制を視野に入れざるを得ないのだが、北海道の場合には青函トンネルを潜る路線を除けばすべて道内で完結している。こんな事情を考えると、道州制特区の試みとして、鉄道の安全管理の権限を北海道庁に移譲することは実に理に適っている。

新しい事務を担うのは骨の折れることだが、住民の安全について国が責任を果たしてくれないのなら、その国に代わって自ら責任を持つぐらいの気概を道庁は持ってほしい。そうでなくては、望んで道州制特区になった真意を問われるだけでなく、日頃地方分権を唱えている姿勢も疑われる。

一方政府与党も、地方分権を進めるための道州制導入を主張するなら、その前にすでにある道州制特区でまずは実績を示してもらいたい。口では地方分権のための道州制だと言いながら、それが北海道道州制特区の惨《みじ》めな現状を越えられないのなら、羊頭狗肉も甚だしい。鉄道安全管理の権限移譲は、国の姿勢を問う試金石でもある。

都議会のヤジから見える地方議会の病弊

（二〇一四・九）

誠に情けないことだが、地方議会議員の愚行をめぐる話題に事欠かない。二〇一四年六月、東京都議会では女性議員の発言中に議場から下劣なヤジが飛び交い、女性を愚弄する言動に内外から厳しい批判が浴びせられた。翌七月には、政務活動費の使用に疑惑のある兵庫県議会議員が釈明会見の場で泣き叫ぶ姿がメディアにさらされ、あきれられたり、好奇の目で見られたりした。

これらをめぐる報道は、前者ではもっぱらヤジった議員の「割り出し」とそれをいい加減にしたまま幕引きをはかろうとした都議会への批判に終始した。後者では議員の資質と政務活動費収支報告書の信憑性に関心が集まっていた。

それはそれとして、筆者はこれらをそれだけで終わらせるのはもったいないと思う。都議会の場合、たしかに表面上あらわになったのは野卑な言葉を発する都議会議員の存在であるが、実はその背景として地方議会一般が抱えている構造的な病理が潜んでいるのであって、この際そこにメスを入れるには絶好の機会だと考えるからである。

他者に禁じたルールは自分でも守れ

都議会に限らず多くの地方議会でヤジを飛ばす議員は多い。中にはウィットやユーモアを含み、思わず苦笑させられるヤジもあるが、このたびの都議会のように人を侮ったり、発言している人の虚を衝き話の腰を折ったりする非礼なヤジも多い。

こうしたヤジを称して「議場の華」などという向きもあるが、それは大いなる勘違いだと筆者は思う。そもそも議会とは何かといえば、合議制の決定機関である。議場はその決定に必要な議事と評決を行う場である。他に合議制の決定機関としてなじみがあるのは、会社の取締役会や裁判所などである。さしずめ議員は取締役会における取締役、裁判所における裁判官に相当する役柄だろう。議員も取締役も裁判官も、合議したうえで決定する権限を持っているという点では似たようなものだからである。

では、一流企業の取締役会において、役員の一人が発言している最中に、同席する他の役員がヤジを飛ばしたり、茶化したりすることがあるだろうか。同様に、裁判官が法廷でヤジを飛ばしたらどうだろうか。そんな裁判官が下した判決に当事者が納得するはずもないから、わが国の裁判制度が国民の信頼を失うのは間違いない。

ひるがえって地方議会である。このたびのヤジは女性議員を著しく傷つける内容のものだったが故に大きく取り上げられたが、そうでもなければ普段ヤジは等閑視されている。おおかたの議員たちは「議会とはこんなもの」だと思っているからだろう。しかし、それは先の取締役会や裁判所と比較してみるとよくわかるように、甚だしい認識の誤りというほかない。

興味深いことに、議会は傍聴に訪れた市民にはヤジを禁じている。都議会でも、傍聴人が守らなければならない事項として、「議場の秩序を乱し、又は議事の妨害となるような行為をしないこと」を傍聴規則の中に定めている。傍聴席からであってもヤジを飛ばせば、議場の発言者を動揺させるなど議事の妨害につながるからである。

そうやって、議場を訪れた主権者である市民に対し議会は立派な訓戒を垂れているというのに、当の議員たちは平気で「議事の妨害となるような行為」にうつつを抜かしているのである。ついでにいえば、傍聴人は小声での私語さえご法度である。議場のつまらなさについウトウトしていれば、衛視に小突かれる。関心のある議題が出てくるまでの時間つぶしに本でも読もうとするものなら、衛視によって制止される。従わなければ傍聴席からつまみ出される仕儀となろう。

そこで議場に目を転ずれば、定数が五〇人を超えるような議会であれば、私語をする議員もいれば、ぐっすりと寝入っている議員もいる。雑誌を広げている議員も珍しくない。それでいて、議長や衛視が注意するでもない。

自分たちが守れないルールを他者には押しつける。しかもこの場合の他者とは、自分たちのいわば主人とでもいうべき市民である。これをたとえていえば、交通違反を取り締まる警察官が、仲間内では酒気帯び運転やスピード違反を犯しているようなものではないか。

議会を称して立法機関という。ここであえて「法の下の平等」の原理を持ち出すつもりもないが、ルールにはルールを作った者も従わなければならないのが民主主義の基本である。この普遍の原理を議員たちはいま一度思い起こす必要がある。

手持ち無沙汰で非効率な本会議

このたびの都議会のヤジは塩村文夏《あやか》議員に向けられたものである。この日の都議会本会議の日程は一般質問で、一六人の議員が知事や教育長などに対し質問している。このうち塩村議員は一五番目に登壇し、その質問中にヤジは発せられた。

塩村議員もそうだが、次々と登壇する議員はあらかじめ用意した原稿を読み上げる。朗読していると言ったほうが適切かもしれない。それを受けて答弁に立つ知事や教育長なども、あらかじめ用意されている答弁書をひたすら読み上げ、ないし朗読している。

都議会のホームページを見ればわかるが、こんなやりとりが終日繰り返される。実に単調で退屈で、正直なところうんざりさせられる。それでも質問する議員のほうは「晴れの舞台」だととらえているのか、これに随分と力を入れてきたことは察せられる。ただ、思い入れたっぷりだったり、芝居がかっていたりして興ざめする場面も少なくない。

対する知事以下執行部の答弁は総じて平板で、事務的な内容を無機質的に読んでいるとの印象が強い。感銘を受けたり、心を打たれたりする答弁に出会うことはない。ちなみに、塩村議員はこの日、受動喫煙防止、動物愛護、それに件の子育て支援の三点を舛添要一知事に質問した。知事はこれらのうち受動喫煙防止と動物愛護には答弁しているが、子育て支援については一言も触れることなく答弁を局長に委ねている。

塩村議員の質問に対し、男性の声で「自分が早く結婚したらいいじゃないか」「産めないのか」といったヤジが飛び、議場ではこれに同調する声や笑いが起きたのだから、知事は臨機応変、それを踏まえた答弁をしてもよかったのではないか。例えば、「先ほど塩村議員に向けて不規則発言があったが、少子化や子育ての問題は、女性が一人で頑張れば済む問題ではなく、社会全体の問題として取り組むべきだ」というような答弁がその場でなされていれば、ヤジ問題をめぐるその後の道行きは大きく変わっていた可能性はある。

でも、知事はそもそもヤジに気づかなかったという。おそらく、塩村議員の質問にも真剣に耳を傾けていなかったのではないか。真剣に聞いていたらヤジに気づかないわけがない。すでに質問に対応する答弁書が手元に用意され、あとはそれを間違えないように読むだけ。その場で質問を聴く必要もなければ、議場に注意を払うこともない。もしこんなことだとしたら、もはや都議会はほとんど死に体というほかない。

都議会議員の定数は一二七人である。一般質問のこの日、議場で発言を許されていた議員はわずか一六人だから、全員出席していたとして他の一〇〇人を超える議員は日がな一日何もすることがなかったというわけだ。さぞかし手持ち無沙汰だっただろう。小人閑居して不善をなすと言うと失礼かもしれないが、暇を持て余してヤジを飛ばすことぐらいしかすることがないのがこの日の本会議一般質問だったのではないか。

どこかの大企業で一〇〇人を超える役員が一堂に会した取締役会で、十数人の役員がそれぞれ会長への質問書を読み上げ、それに対して会長も部下が書いた答弁書を読む。他の役員たちはそれを朝から夕方までただ聞くのみ。こんな浮世離れした会社がいまどきどこにあるだろうか。ヤジ事件からは地方議会改革の課題が見えてくるはずだ。

統一地方選から地方議会改革を考える

（二〇一五・三）

二〇一五年春の統一地方選挙が間近に迫っている。全国各地で多くの選挙戦が繰り広げられる中で、有権者の関心を集めるのはもっぱら知事や市町村長の選挙である。地方議会議員選挙が注目されることは稀であるが、本来それではいけない。議会選挙は有権者の間でもっと話題にされていい。

わが国の自治体は二元代表制を採用しており、首長と議員は別個の選挙によって選ばれる。しばしば「首長と議員のどちらが上か」と尋ねられることがあるが、両者の間に上下関係はない。ただ、同じく住民から選ばれたといっても、それぞれの役割や権限には違いがある。議会は自治体の重要事項を決め、その決めたことを首長が執行する。首長が執行したこと、現に執行しつつあることを議会がチェックする。これが議会と首長それぞれの役割であり、両者の間柄である。

先の質問を「どちらがより重要か」に変えてみる。この場合には、自治体のどんな点に関心を抱いているかによって、とりあえずは答えが違ってくる。東京オリンピックのことを例にとる。

東京でオリンピックを開催することに賛成の人は、おそらく議会より知事のほうが重要だと考えるはずだ。例えば、開催が決まるまでの段階では対外的なプレゼンテーション能力がものをいう。開催決定後は巨大イベントを統括するマネジメント能力が求められる。これらは議員ではなく、知事に期待される資質である。有権者の関心が知事選に向けられて当然だろう。

オリンピック開催に反対の人にとっては、そんなプレゼンテーション能力などどうでもいい。それより、オリンピックを誘致する方針を決めた責任者は誰かということのほうが問題である。オリンピックにつぎ込むお金があるなら、教育などの分野を充実させるべきなのに、というわけである。

誘致には石原慎太郎元知事、それに猪瀬直樹前知事が熱心に取り組んだ。しかし、方針を正式に決めたのは、知事ではなく都議会である。オリンピックのために東京都は巨費を投じることになるが、それには予算が伴わなければならず、それを承認するのは都議会だからだ。事前の活動についても同様で、そのための予算を都議会が承認しなければ、知事は誘致に乗り出すことすらできなかった。

都議会は知事の提案を拒否することもできたが、結果的に承認した。都議会にはもっと賢明な判断をしてほしかったが、それには、有権者が選挙を通じてより質の高い議員を選ぶことが肝要だ。オリンピックに反対の人にとっては、知事より議会のほうが重要だということになる。

実は、オリンピック賛成派も議会が重要だと気づくべきである。もし都議会がオリンピックに反対していたら、やはり議員の質を問題視せざるを得なかっただろうからである。

議員の「品質管理」が難しい大選挙区制

その大切な議員を決める選挙で有権者はどんな人を選んだらいいか。もちろん「いい人」を選ぶべきことはわかっているが、実際に候補者の中からこれはと思う人を見つけるのは容易なことではない。特に、一般市町村の議会選挙における選択が一番難しい。

ここで地方議会議員選挙の仕組みについて簡単に触れておくと、都道府県議会議員選挙と政令指定都市議会議員選挙は中選挙区制である。都道府県議会議員選挙では原則として各市郡を一つの選挙区として、通常そこから複数人の議員を選出する。政令指定都市では各行政区を選挙区とし、通常そこからそれぞれ三人から六人程度の議員が選ばれる。

ところが、一般の市町村議会議員選挙では、自治体の区域全体を一つの選挙区として議員全員を選ぶことになる。議員定数は、例えば人口二〇万人ほどの市で三〇人程度、四〇万人ほどの市であれば四〇人程度になる。

大勢の中に「お目当て」の候補がいる場合はともかく、そうでない有権者は誰をどうやって選べばいいのか。超大型の掲示板に貼られた何十枚ものポスターを見比べても何もわからないし、そもそもいちいち見る気すら起こらない。選挙期間中何十台もの選挙カーが入り乱れて市中を走り回るが、誰が何を訴えているのかさっぱりわからない。

有権者がある程度自信を持って選べるのは候補者がせいぜい数人の場合だろう。選択肢が三〇も四〇もあったのではかえって選べないのが現実だ。いくら「いい人を選べ」といわれても、こんなありさまでは、有権者による議員の「品質管理」はおぼつかない。

また、一つの選挙区から三〇人も四〇人も選ぶとなると、当選するのにさほど多くの票を得る必要はない。大選挙区制のもとでは、例えばバックになってくれる業界などある程度まとまった支持を確保できれば、比較的容易に当選することができる。そうやって出てきた議員は市域全体ないし市民全体の利益よりも、特定の「部分益」のほうに目を向けがちになるのは否めない。

これが議員の「口利き」の温床にもなる。「口利き」とは、例えば保育所への入所について便宜を図ってもらうべく議員が役所に圧力をかけたり、仲介したりする行為をいう。それによって一人の便宜が図られれば、その煽りを食って他の人が追いやられるのだから、不公正なことだと思う。

こんな振る舞いをする議員は、当の便宜を受けた人を除いて他の人たちからは嫌われるので、次の選挙では落選するに違いないと思いきや、必ずしもそうならない。大選挙区制のもとでは、たとえ一〇人のうち九人に嫌われていたとしても、残りの一人を「口利き」などでしっかりつなぎとめておけば、なんとか当選することができるのである。憎まれっ子世に憚る。これが大選挙区制の特徴でもある。

二元代表制を台無しにする大選挙区制

もう一つ。大選挙区から当選した議員によって構成される議会には大いなる欠陥がある。二元代表制のもとで首長に対峙する議員たちは、本来チームプレーを心がけなければならないのに、どうしてもそれぞれの議員が単独行動に走りがちなのである。

チームプレーをせよと言われても、選挙に際して同僚議員はみんな敵となる。同僚議員の優れた提案は相対的に自分の評価を下げることにつながるから、素直に賛同する気になれない。むしろ足を引っ張ってやりたいぐらいだ。こんな料簡の狭いことではいけないのだが、激しい選挙戦のことを思えば、そんな事情も理解できないではない。わが国で二元代表制がうまく機能しない原因の一つだと思う。

では、こうした大選挙区制選挙の弊害を取り除くにはどうすればいいか。わが国の地方自治制度がモデルにしたアメリカの自治体議会の選挙は原則として小選挙区制である。そこでは属する政党は違っても、議会としてまとまりを持って行動しているように見受けられる。筆者はわが国の市町村議会も基本的には小選挙区制に変えたほうがいいと考えている。

もちろんそれを直ちに実行に移すことは困難だろう。それならまずは一般市町村の議会選挙を中選挙区制に変えることから始めるのはどうか。また、小選挙区制にすると少数意見が議会に反映しにくいとの批判もあろうから、小選挙区から選ばれる議員と大選挙区で選ばれる議員との組み合わせにする案も考えられる。アメリカでもこうした例はあり、ちなみにボストン市議会の議員定数は一三人で、そのうち九人は小選挙区から、四人は市域全体から選ばれる。

このたびの統一地方選はこれまでどおりの仕組みで行われる。そこで有権者のみなさんには、まずは投票体験を通じて大選挙区制選挙の弊害を自ら把握してほしい。そのうえで、次は一人の市民として大選挙区制に基づく議会運営の不具合も確かめてもらいたい。そうした行動や認識が今後の地方議会選挙のあり方を変え、地方議会改革につながるはずである。

地方自治の不具合とマスコミの不見識

（二〇一五・四）

二〇一五年四月の統一地方選挙が近いからか、それとも例の号泣議員などの不祥事が相次いだことの余波なのか、このところ地方議会や地方自治体のことがマスコミで取り上げられることが多い。大いに歓迎すべきことで、新聞やテレビの報道を通じて、多くの国民が自分たちにもっとも身近な地方政治や地方行政にもっと強い関心を持ってもらうのはいいことだ。

ただ、自治体の現場で取材されている記者のみなさんとこの問題でやりとりをしていて、いささか気になることがある。その一つは、自らが接している現場を自分の目で見て「おかしい」と感じることがあるはずなのに、どうしてそれを率直にそのとおり伝えないのかということである。

例えば、地方議会は「学芸会」と「八百長」だといわれる。これは筆者が鳥取県知事時代に指摘したことで、その後その認識が広く共有されるようになった。「学芸会」とは、議員と首長との間の質疑が台本どおりに進められる様子をいう。あらかじめ準備された質問書と答弁書を互いに読み合うのである。

「八百長」とは、議会で審議する前にすでに結論が決められていて、それでいながらさも真剣に議論している風を装う様子をいう。本来、異論や反論、多様な意見が公開の場で交わされ、それらの間の説得と譲歩を通じて合意が形成される。それが議会の本質であるのに、最初から結論が決まっているのであれば時間のムダでしかない。

「学芸会」の片棒を担ぐことなかれ

地方議会の現場を取材する記者は、総じて「学芸会」と「八百長」には違和感を抱いている。そこで、「八百長」と「学芸会」をやめさせるにはどうしたらいいかと、筆者のところに取材や相談に来られる記者も多い。

そうした場合にはちゃんと自分の知識や経験を話すのだが、本当はその記者がいる現場に「八百長」や「学芸会」の「動かぬ証拠」がごろごろしているはずだから、それを伝えることにされたらいいのにと、いつも思っている。

例えば、これは取材に訪れた記者から聞いたことであるが、ある大きな自治体では、一般質問で最初の質問者に対する首長の答弁が始まった時点で、その日登壇する議員全員の質問に対する答弁書が広報担当者から記者に配布されるのだそうだ。

筆者も驚いたのであるが、これまでその自治体にそうした慣行があるとの報道に接したことがない。これこそが「学芸会」や「八百長」の「動かぬ証拠」であるはずだ。どうしてこのことを住民に伝えないのかと件の記者に尋ねてみると、そんなことをすると、以後事前配布がなくなるから困るという。何が困るのかと訝《いぶか》しく思うが、答弁書を事前に配布してもらっていると記事が書きやすいのだそうだ。

これはミッションの倒錯といっていい。そもそもマスコミの使命は真実を伝えることにあるはずなのに、そんなことよりも記事を書きやすいことのほうを優先しているからだ。しかも、それによって書かれる記事は、当人が意図しているかどうかはともかく、明らかに「学芸会」の実態を覆い隠すことに貢献している。「学芸会」の影の協力者だといえよう。

別の自治体の現場にいる記者の話である。議会の質疑に関して「いい記事」を書こうと思ったら、「有力議員」が質問する前日にその議員のところに出向くのだそうだ。すると、翌日の答弁内容を教えてもらえて、その中には「いい答弁」や「一歩踏み込んだ答弁」が含まれているという。

議員がその「いい答弁」や「一歩踏み込んだ答弁」を執行部から引き出すに至った背景などを得々としゃべってくれるので、それを聞いておくと、そこに焦点を当てた「いい記事」をあらかじめ準備しておくことができるのだという。

でも、こんな経緯の中ではとても真に「いい記事」が書けるとは思えない。というのは、非公開の場でのやりとりを通じて出された答えは、たしかに当の議員にはいいことかもしれないが、住民にとっていいことかどうかはわからない。例えば、その議員に関係の深い地域や特定の業界だけを利する政策に関する「一歩踏み込んだ答弁」だとしたら、他の議員や多くの住民にとっては不公正だったり迷惑だったりする。

こんなことこそ、公の場で甲論乙駁、大いに議論してから結論を出すべきであって、議員と執行部との密室のやりとりで隠微に決めるべきではない。にもかかわらず、そのやりとりを批判することなく、肯定的に記事にする。あるいはその議員の「手柄話」のような記事に仕立てるのだとしたら、それはもはや「学芸会」や「談合」の片棒を担いでいるとしか思えない。

役所の「虜」にならない見識

いつも気になるのが、どこでも毎年二月になって公表される各自治体の当初予算案についての報道ぶりである。どの新聞も似たり寄ったりの内容で一斉に予算案を報じるのである。来年度予算の特色、重要政策や新規施策などである。その際、予算の概要に関する円グラフや棒グラフなどはどの新聞も決まって同じものを使っている。

これは、どの社も同じ資料によって記事を書いていることを意味している。全国の主だった自治体では、マスコミに対して予算案の「解禁付き事前説明」を行う。「解禁日」すなわち記事にしていい日を決め、その数日前に内々説明する場を設けるのである。あわせて、記者たちが記事に書きやすいように、「あんちょこ」のようなわかりやすい資料が配られる。

予算案の内容は膨大であるのに、「解禁日」までのわずかの期間に、それこそ「いい記事」を書き上げなければならないとなると、どうしてもその「あんちょこ」に頼らざるを得ない。各社の記事の内容が一様になる所以である。

一様になるだけでなく、予算案に対する批判的な記述が見当たらないのも顕著な特徴である。役所が用意する「あんちょこ」には役所が報道してもらいたい内容ばかりが盛られていて、役所にとって都合が悪いことなどないからである。記者が「あんちょこ」に頼る以上、役所の広報誌のような内容になる傾向は避けられない。

中には、役所のくだらない「語呂合わせ」に無邪気に付き合うマスコミもある。例えば、予算総額が一一四三億円だとすると、それを「イイヨサンン」と読ませるのである。積み上げた結果がたまたま一一四三億円ならまだしも、本当は一一四一億円にしかならないのに、語呂をよくするためにわざわざ二億円増やすなどという作為を施す役所もないではない。

しかも、その段階ではまだ予算「案」であって、その後の議会の予算審議を経て修正される可能性はいくらでもある。にもかかわらずその「案」があたかも決定版であるかのごとく「語呂合わせ」まで紹介してみせるのは、議会の存在をまったく無視しているというほかない。不見識である。どうせ議会は予算案を無傷で通すのだから、予算案の数字は動かないという実態があったとしても、である。そんな実態があるのなら、むしろ議会は予算案をまじめに吟味して、その中からムダを摘出せよと諭すのが、マスコミの見識であるはずだ。

それはそれとして、知り合いの記者に筆者のこうした考えを伝えると、頭を抱えていた。やはり、短時日で予算案の全体を書くのは無理だというのである。でも、各社一斉、同日にその全貌を記事にしてしまう必要が果たしてあるだろうか。予算案が発表されたら、まずはそのことを淡々と伝えればいい。その後じっくり内容を点検したうえで、重要な論点を順次伝えていく。そのほうがよほど読者の役に立つはずだ。「解禁」などという秘密裏の取り決めも不要になる。

現状では、予算案に限らず、マスコミは役所の情報をなまじ世間より早めにこそこそと与えられることによって、かえって役所の術中にはまっている。マスコミには、役所の「虜」にならないだけの見識と良識が求められる。

地方自治改革の課題は何か

（二〇一五・七）

二〇一五年四月の統一地方選挙の結果から、地方自治に関していくつかの課題が見えてきた。わけても早急に手を打つべきなのが、無投票当選をどうやってなくすかということだと思う。

無投票はこれまでも首長選挙において時折見られていた。かくいう筆者も、二期目の知事選挙は無投票だった。二〇〇三年のことで、当時は珍しかったこともあり注目されたものである。しかし、この頃は市町村長選挙ではもはや珍しくもなんともないし、いまや地方議会でも無投票に終わる選挙が目立っている。

無投票がいけない理由の一つは、有権者の意思を示す機会が失われることにある。有権者が政治に対して意思を示せるもっとも重要な機会が、自分たちの代表を選ぶ選挙である。首長選挙では有力な現職に対抗してもどうせ勝ち目はないから、選挙などあってもなくても同じこと、という冷めた見方もある。現実にも、現職に特段の失政でもなければ、泡沫候補など鎧袖一触《がいしゅういっしょく》、相手を寄せつけない。ただ、それでも誰かが出馬することによって投票が行われるのとそうでないのとでは大きな違いがある。

泡沫候補だからといってばかにしてはならない。もし有権者が現職に「飽き」を感じていたり、政党や地方議員の都合や思惑で毒にも薬にもならない現職をこぞって擁立したような経緯があったりすると、多くの批判票が相手方候補に寄せられる。実際にも、有権者が強い期待を寄せる要素も取り立ててなさそうな無名の若者が、期数を重ねたベテラン知事に肉薄する選挙が中国地方のある県でかつてあった。たまたまその若者と知己があった故をもって、あえて失礼を顧みずにいえば、てっきり泡沫だとみなされていた候補があと一歩で現職を追い落とすところまで迫ったのである。

現職候補はさぞかし肝を冷やしたに違いない。また、平素は県庁内外で下にもおかぬ扱いを受けていただろうに、有権者の評価は存外低かったことを思い知らされたことだろう。こんな例はさほど多くはないが、泡沫や共産党候補に思いのほか票が集まる例は少なくない。たとえ勝敗が事実上決まっている選挙だったとしても、権力者が自分の虚像ではなく実像を知るいい機会にはなる。選挙はあるに越したことはない。

地方議会議員の「なり手」がいない

無投票当選で特に気にかかるのが地方議会議員選挙である。このところ地方議会議員の資質や品格が問われる事件が多く、その「品質管理」の重要性に関心が寄せられる。しかるに、選挙が無投票であれば、味噌も糞もみんな当選してしまうから、資質や品格に難点がある候補でもそのまま議員になりかねない。これでは地方議会の劣化は防げない。

選挙の選択は結婚に似たところがあって、最善の候補が見つかればそれが一番いいが、現実にそれは容易なことではない。そこで次善、三善と順次探すものの、それとても見当たらなければ、限られた選択肢の中の「よりまし」な人で妥協する。さしあたってそれすらも難しければ「より悪くない」人で我慢するしかないが、それによって少なくとも「最悪」の人を避けることはできる。地方議会の劣化を防ぐうえで、これはとても大切なことである。

地方議会議員選挙が無投票になるのは、議員定数が多すぎるからだという説がある。一般にわが国の地方議会の定数はアメリカの自治体議会などに比べて多いことは確かだ。ただ、無投票は町村議会議員選挙によく見られ、そこの議員定数はせいぜい十数人にすぎないからさして多いとも思えない。しかも、このところ町村でも大体議員定数を削減してきている。定数削減があれば、それに応じて立候補者数も減り、その挙句の無投票なのである。定数だけが無投票の原因ではなさそうだ。

議員の「なり手」がいないともいう。無投票の最大の要因はそれだろう。では、住民が地方政治に関心を失っているのかといえば、決してそんなことはない。保育所待機児童問題などに見られるように、自治体に対する要求や不満は随所で渦巻いている。何より、各地で報じられる地方議員の不祥事に、心ある住民はうんざりさせられている。こんな状況からは、「我こそは」と自ら進み出る人や周りから推されて出る人が増えてもおかしくないのに、そうはならない。何ゆえに「なり手」が少ないのだろうか。

例えば、町村では従来型の「なり手」が減っていることは確かである。従来型とは商工業や農業を営む自営業者、しかも概ね六〇代以上の男性である。これまでこうした人たちが町村議会の議席の多くを占めてきた。しかし、地域の自営業者は議員の供給源としては先細りである。これまで議員を務めてきた人たちは年々高齢化し、やがて引退する。その一方で、彼らの後を継ぐ立場にある人はめっぽう少ない。地方では、自営業自体が経済的苦境と後継者難とで成り立ちにくくなっているからだ。

新たな「なり手」を迎えるには

それならば、自営業の高齢男性に替わって、今日の社会の主たる構成員である勤め人や主婦が議員の「なり手」として登場するかといえば、現状ではほとんど期待できそうにない。現在の地方議会の運営方式だと、勤め人や主婦が議員を務めることはまず不可能に近いからである。

わが国のほとんどの地方議会は年四回の定例会方式を採用している。小さい自治体でも、一回の定例会の会期は概ね一〇日から二週間程度あり、その間の平日はほぼ終日議会に出席していなければならない。これでは、一般の勤め人や子育て中の主婦が議員を務めるには無理がある。

では、勤め人や主婦を議員として受け入れるために、議会は何をしなければならないか。早急に変えるべきは議会の運営方法である。旧態依然とした現行の定例会方式から定例日方式に切り替える。例えば毎週一回、決められた曜日の夕方に開くのである。これだと、勤め人や主婦も議員を兼ねられる。ちなみに、地方議会がこうした定例日方式を採用できるよう、地方自治法の規定はすでに改正されている。

勤め人や主婦を含めて立候補者を広く募るには、選挙に出るための負担を軽減することも必要だ。例えば、ポスター貼りである。平成の大合併により市町村の区域は拡大し、町村でもポスター掲示場が一〇〇カ所を上回る自治体は少なくない。市になると五〇〇から六〇〇カ所にも及ぶ。これらに一斉にポスターを貼付して回るのは、金もなく、政党や支援団体も持たない候補者にとって容易なことではない。立候補者を増やす観点から、ポスター貼りもこの際公営選挙の中に取り込み選挙管理委員会が一括して行うことにしてはどうか。

最後に一つ付け加えておく。議会運営のあり方を変え、選挙公営を拡充するなど制度面のハードルを低くしたとしても、それ以外に心理的ハードルが立ちはだかっている。選挙に出ること自体に強い抵抗感があるのである。

選挙とは、所詮は自分を売り込む作業にほかならない。居並ぶ他の候補と比べて自分がいかに誠実かつ有能であるか、吹聴して回る。それを街頭の見ず知らずの人の前で白昼公然と行うのである。もし職場や近所に自分のことを自分でほめちぎるような人がいたら、周囲の人から胡散臭いと思われているに違いない。筆者自身、最初の選挙で車の天井に乗って演説するときはいつも、「こんなことは、慎みと教養を重んじる人がやるべきことではない」と冷めた気持ちになっていた。おそらくこれが普通の市民の感覚ではなかろうか。

この種の心理的ハードルを軽減するにはどうすればいいか。自分で自分のことを褒めなくてもいいように、政党ないし支援団体がその役を引き受けるのがとりあえずは現実的だろう。地方議会議員選挙の活性化には、政党の地道な地域活動や草の根団体の活躍に期待するところも頗る大きいように思われる。

対談

真の「地方創生」とは何か

（二〇一五・五）

小田切徳美

おだぎり・とくみ　一九五九年生まれ。明治大学農学部教授。農政学・農村政策論・地域ガバナンス論。東京大学大学院農学研究科博士課程単位取得退学（農学博士）。（財）農政調査委員会専門調査員、高崎経済大学助教授、東京大学大学院助教授などを経て、現職。著書に『農山村は消滅しない』（岩波新書）、『農山村再生　「限界集落」問題を超えて』（岩波ブックレット）、『農山村再生に挑む――理論から実践まで』（編著、岩波書店。二〇一四年地域農林経済学会特別賞受賞）、『地域再生のフロンティア』（共編著、農山漁村文化協会）など多数。

政・官・財の同床異夢で進む「地方創生」

小田切　安倍晋三政権は「地方創生」を政権の最重要課題に据え、世の注目を集めています。これがほんとうに地域の課題解決につながるものなのか、いま全国の自治体関係者や住民は慎重に見極めているところだと思います。しかし、今回の地方創生政策の形成過程で見過ごせないのは、増田寛也元総務大臣・元岩手県知事を中心とする日本創成会議が発表した、いわゆる「増田レポート」の影響です。それが「自治体消滅論」「地方消滅論」を打ち出して大きな衝撃を社会に与え、民間有識者のレポートとしては異例のスピードで政府の政策として取り入れられています。

そもそも、地方創生の政策的意図とは何なのか。増田レポートとの関連をふまえ、片山さんはどう見ておられますか。

片山　「増田レポート」は民間有識者のレポートという形態をとってはいますが、明らかにある思惑や意図を持ったグループ、多分に霞が関の影のタスクフォースが出したものだと思います。増田氏が座長になった日本創成会議・人口減少問題検討分科会のメンバーをみても、総務省や財務省の元幹部が含まれており、実際の作業には初めから官僚が携わっています。彼らは作成当初、政権がここまで肩入れしてくれるとは考えていなかったと思いますが、世の中に衝撃を与えるようなレポートを出すことにより、自分たちの政策を進めやすい下地をつくろうという意図があったことは明らかです。

では具体的に、誰が何をやりたいのか。私の推測を交えていえば、第一に、コンパクトシティづくりです。これは、まちづくりや都市再開発、高層ビル建築を担う旧建設省の建築系ないし都市工学系技術官僚の利害関心を反映したものです。現役官僚のみならず、業界団体に天下ったOBの意向も働いているでしょう。これに密接に関連するコンパクト&ネットワークとは、一つはコンパクトにまとめる都市の中心部とその周辺部とを結ぶ道路づくりで、これには従来型の土木官僚の利害がある。また、コンパクトシティを標榜する富山市のライトレールのような都市型の路面電車ないし鉄道の整備も視野に入っていますから、これには旧建設省系だけでなく旧運輸省系の官僚集団の利害関心も絡んできます。

第二に、総務省の思惑です。総務省には本音では市町村合併をさらに進めたいと思っている官僚が少なからずいる。しかし、二〇〇〇年代の「平成の大合併」以来、合併の弊害が明らかになってきており、いまさら合併を提唱しても市町村はのってこないことはわかっている。そこで、地域を実質的にできるだけ広域化させ、中心となる都市に機能を集約し、そこに地方交付税を重点的に配分できるようにするにはどうすればいいか。そのために、人口や機能が集積する中核都市を育成するというもので、コンパクトシティ構想と軌を一にしています。

第三に、財務省、財政当局も「選択と集中」を徹底することで、全国にくまなく公共投資をする「ムダ」――あくまでも彼らにとってのムダですが――を省くために、中核となる都市に重点的に投資をしたいという思惑があると思います。

第四に、厚生労働省も人口問題や高齢者問題で政府内におけるプレゼンスを高めたいという目的があるはずです。

以上のように、旧建設・運輸省を含む国土交通省、総務省、財務省、厚労省など四省庁の思惑が寄り集まったものが「増田レポート」だと考えられます。それが大きな社会的インパクトを与えたことを見てとった政権側が政治的な利用価値があると考えた。というのも、安倍政権はＴＰＰ参加交渉をはじめ、新自由主義的な政策で地方を痛めつけてきました。四月の統一地方選挙を前に、形だけでも慰撫策、融和策をとらないとダメージが大きいと考えたはずです。その恰好の材料が、増田レポートに沿った「地方創生」だったのでしょう。また、昨年(二〇一四年)末の総選挙で借りをつくったはずの土木・建設業界が求める新たな公共投資要求も無視はできません。このように、政・官・財それぞれの思惑が、複雑に絡んでいると思います。

小田切　増田レポートの事実認識や基本的な方向性が、政府の地方創生政策と一体化している背景がよくわかりました。私は、今回の地方創生の最大の問題は、平成の市町村合併時と同様に、地方の危機感を煽る手法が使われたことだと思います。増田レポートは危機感を醸成した点で意味があると評価する人もいますが、私は同意できません。外部から与えられる危機感は、必ずしも当事者意識を生み出すものではないからです。危機感を煽られれば煽られるほど、考えることを放棄して他に依存したり、何をやってもムダだと諦めにつながりかねない。危機感を煽られて諦めてしまった地域や、国に頼ろうと受け身の姿勢をとる地域が出てくるでしょう。地方創生とは真逆の方向に動きだしていることを懸念しています。

もう一つ危惧されるのは、増田レポートが地方自治制度の改変志向を内包していることです。増田レポートが出されたのが昨年(二〇一四年)五月八日、そして第三一次地方制度調査会が始まったのが五月一五日で、あまりにもタイミングがよすぎる。地方制度調査会での諮問内容は「人口減少社会に的確に対応する三大都市圏及び地方圏の地方行政体制のあり方」というもので、その結論に道州制が出たとしても不思議ではない設定のされ方です。もちろん、地方制度調査会の専門委員会では多面的な議論がなされており、一気に道州制へと議論が進むことは考えにくいのですが、時期と諮問内容が一致しているのが気にかかります。

片山　道州制を含めた地方自治制度の改変についても、永田町と霞が関の思惑は違います。地方制度調査会のトップが経団連副会長を務めていた畔柳《くろやなぎ》信雄氏であることとも関連するのですが、道州制には以前から経済界が強い思い入れを持っています。霞が関は大きな制度変革には抵抗感を持ちますし、永田町からも道州制への直接的な強い意志は感じられません。

では、なぜ経済界が道州制に熱心なのかといえば、一つには、国・地方を通じる財政をスリムにさせたいという納税者としてのまっとうな発想があります。ただ、それだけではなく、企業活動面から合理性を追求するうえで、現行の四七都道府県のユニットでは非効率だと考えていることもあると思います。例えば電力会社は、営業エリアが県をまたいでいるため、さまざまな許認可を得るうえで複数の県と交渉しなければなりません。道州制が導入されて営業エリアの地方政府が統合されれば、原発再稼働でも道州政府一つを相手にすればよくなります。こうした電力会社をはじめとする経済界の声が経団連に集約され、政権与党・自民党への強いプッシュになるという政治力学はあります。

とはいえ、全国知事会など地方公共団体も道州制には基本的に否定的ですので、直ちに道州制へ移行することは考えにくい。むしろ心配なのは、増田レポートが打ち出した地方消滅論で、気力が萎えてしまった地域が多いことです。早く計画を出せと国から急かされて、よいものが出てこないとき、やはりいまの都道府県・市町村体制ではダメで、道州制しかないという方向に流れることを危惧します。

小田切　増田レポートへの反響の中には、地方の気力を萎えさせる「諦め論」と同時に、これまでの仕組みや制度を改変しようとする「制度リセット論」が見て取れます。人口減少や少子化という言葉を「魔法の杖」のように振りかざすと何でもできるかのように錯覚し、そこで生じた思考の空白化につけこんで、いままで実現できなかったことを一挙にやろうとする人々が出てきていることに唖然とします。

煽られる自治体間競争

片山　永田町と霞が関の思惑の違いは、地方創生関連予算にも表れており、そのギャップがこれからますます大きくなるでしょう。二〇一四年度補正予算や一五年度予算をみると、きわめて永田町的なバラマキ的な印象がぬぐえません。例えば、商店街で使えるプレミアム商品券や地域限定の旅行券などです。一方、霞が関はこのようなバラマキではなく、増田レポートの骨格の一つである選択と集中の論理に基づいたコンパクトシティづくりを通じ、県庁所在地のような全国の拠点都市で、まとまった金額の事業をやりたいはずです。

小田切　選択と集中という大きな方向性は、かなり長期的な戦略であり、直ちに出てくるものではないと思います。実は国交省も、中山間地の集落を切り捨てるのではなく、今後いっそうの人口減少によって低密度となる集落を支える仕組みである「小さな拠点」構想を打ち出してはいます。ですから、選択と集中ばかりが急速に進むとは思いません。

とはいえ、いま各都道府県や市町村がつくっている「地方版総合戦略」を通じて、選択と集中が進むおそれがある。というのは、政府から早く計画をつくれと煽られ、いよいよ自治体間競争が始まると、今年(二〇一五年)の一、二月あたりから政府関係者がいっせいに言いはじめているからです。政府文書でも、「地方版総合戦略の早期かつ有効な作成・実施には手厚く支援」と書かれています。この「手厚い支援」に選択されるために、できるだけ早く、できるだけ国に「有効」と認定される計画をつくろうと、自治体関係者は翻弄されています。その視線は、足下の住民ではなく霞が関に注がれています。

片山　総合戦略づくりは、過疎地域振興計画や地域活性化戦略づくりなど名称に違いはあれ、これまでに何度もやってきたことです。しかし、今回は以前と変わらないばかりか、むしろ悪い方向に動くおそれが強い。本来であれば、一時期、石破茂地方創生担当大臣が明言していたように、いままでの政策の検証が不可欠でした。しかし、いまに至っても検証をしている形跡がなく、自治体にも検証する時間的余裕が与えられていません。

これまでの計画は、総じて国からの指示で自治体が内輪でつくるか、自治体がコンサルタントに外注してつくられてきました。この手続き自体が致命的な欠陥を抱えています。地域の課題をとらえ、その処方箋を書かなければならないときに、役所が国や政府ばかりを向いて、あるいは地元のことを知らない東京のコンサルタントに丸投げしてつくったようなものが、地域の住民にとってよい計画になるはずがないのです。

やはり時間がかかっても、草の根レベルで住民は何を求めているのか、その解決のためにどのような政策を実施するかを考えなければならないのですが、現状ではそれをやる時間もそのことの気づきすらもありません。これまでとんちんかんなハコモノづくりや意味のないイベント開催に終始して失敗し、いままた必要なモードチェンジがなされないまま地方創生に取り組まざるを得ない。今回はこれまで以上に急かされているために、事態はより悪くなるのではないでしょうか。

小田切　私も中央集権的なあり方に回帰し、事態がいっそう悪化することを懸念しています。国は今回、ＰＤＣＡ、つまりＰ＝計画、Ｄ＝実施、Ｃ＝評価、A＝改善のサイクルを回せといっていますが、政府自身がPをごく短時間でつくり、実質的にDから始めています。そのため、必要以上にCを強調しなければならなくなった。この構造がそのまま地方に植え付けられました。本来、Pがしっかりしていれば、Cの役割は小さく、定性的なもので十分なはずです。しかし自治体は、Cとしてビジネスの世界で使われるKPI、重要業績評価指標という明確な定量的指標の設定を求められ混乱しています。急かされ焦らされたうえに、評価基準に振り回されて、じっくりと地域づくりの計画を考えるいとまがないのです。

いま地域に必要なのは「地域をみがく」ことです。都市に住む若者が農山漁村に移住する、いわゆる田園回帰の動きが強まりはじめているいまだからこそ、若者にも魅力のある地域をつくることが求められています。その主体は、住民や地域コミュニティであって行政ではありません。だから総合戦略は、自治体内のコミュニティ・レベルからボトムアップで作成する必要があります。多様な計画をつくれという一方で、それをさせる時間を与えない。地域づくりとは、さまざまな当事者が主体となって試行錯誤を積み重ねてなされるもののはずです。しかし国は、わずか数カ月以内で計画をつくれという。実態を無視した性急さからは、地域のことを本気で考えている姿勢が伝わってきません。このようなかたちでの財政支援なら、やらないほうがいいとすら思います。

片山　そのとおりです。そもそも国は他にやるべきことが山ほどある。一七〇〇以上ある市町村のまちづくりへの指示は、中央政府の仕事ではありません。まちづくりの計画主体はあくまでも市町村であって、せいぜい県がそれを支援する事柄です。中央政府が本気で地方創生をするというなら、権限委譲によって自治体の自由度を高めることや、首都機能移転を具体化すべきです。「国会等の移転に関する法律」は、一九九二年に制定されてから二〇年以上、まったくと言っていいほど動いていない。東京一極集中の是正を謳うのであれば、首都機能移転の議論を前進させるのが政府の仕事です。自らがやるべきことをせず、自治体に指示を出す資格などないはずです。

国は上から目線で自治体に指示を出す前に、局所的な実践でいいですから、実際にやってみせたらどうでしょうか。例えば、原発事故による人口減で苦しむ福島県の自治体に入り込んで、内発的な地方創生のモデルをつくってみてはどうか。

「まち・ひと・しごと創生本部」という名称にも違和感があります。もっとも重要な「ひと」より先に「まち」が出てくるのは、まちづくりと称してコンパクトシティづくりをしたい官僚の利害関心が無意識のうちに優先されているのだと思います。そもそも地方創生は、人が減って大変だというところから始まっているし、人づくりなどソフト面でのアプローチがことのほか大切であるにもかかわらず、相も変わらずハコモノ建設などハード面が政治家や官僚たちの頭の中を占めているのでしょう。政権は今回の地方創生を「異次元」と胸を張っていましたが、このうえない発想の陳腐さという点では、まさしく「異次元」に値するかもしれません。

地方の内発性をつぶす下請け構造から脱却せよ

片山　近年、魅力あるまちや都市空間をつくるうえでカギとなるのは、住民の参加によって地域の魅力を見つけだすワークショップや、それを手助けするファシリテーターだといわれます。しかし今回の地方創生に、これらの入り込む余地はありません。地域でのこれまでの経験、試行錯誤や学問的蓄積からかけ離れた、実にぶしつけな政策だと思います。

小田切　タイミングもよくありません。バブル崩壊から二〇年、平成の市町村合併から一〇年を経て、地域の課題は外来型開発ではなく、内発的取り組みによってしか解決できないという新しい気づきや覚悟が、住民はもとより自治体の首長レベルでも出はじめていました。当事者意識を持って内発的に地域をおこしていく覚悟がようやく生まれ、地域おこし協力隊などそれを支える制度ができた矢先に、またしても地方創生という、結果的には外来型の政策がやってきた。

「地方創生深化のため」として創設された新型交付金は、一見すると内発的ですが、きわめて短期間で使途を決めなくてはなりません。また、一四年度補正予算の交付金には七つの使途がありますが、使途を含めてかなり詳細なマニュアルが付随しています。内閣府の職員が市町村に直接、交付金の使途を「指導」しているという報道もありました。総じて、今回の予算は自治体や地域の内発性を促すものではありません。また、予算措置が将来まで約束されるか見通せないため、市町村も困惑しているはずです。主体性の尊重どころか、やっと生まれてきた当事者意識や覚悟をつぶしてしまうのではないかと危惧しています。

片山　地方にとって、今回の地方創生予算のような一過性予算のもっとも合理的な使い道は「貯金」です。とりあえず使途を決めないで貯めておいて、そのうちいいアイデアが出て合意が得られればそれに使う。でも、そんなことは到底認められないので、通常実施する事業の名前を変えて、そこに予算を投入することにする。そうすると、これまでその通常の事業に充てていた財源が浮くので、そっちのお金を貯めておくというやり方をとる自治体もあるでしょう。例えば、図書館の蔵書を増やすという名目で「地方創生文庫」コーナーをつくって地方創生予算を消化し、通常予算は貯めておく。一過性に過ぎない予算で新しいことをやって一時的に住民が喜んだとしても、国からの財源手当が切れたときに矢面に立つのは自治体ですから、経験から生まれた苦肉の策かもしれませんね。決してほめられたことではありませんが。

いま、多くの地方が抱えている構造的な問題は、一つには、地域経済が下請け構造のもとにおかれていることです。

私が知事を務めていた頃に見聞したことでいえば、鳥取県ではアパレル産業が盛んで女性の高級下着などをつくっており、有名ブランドの名で一着一万円近い値段で売られるにもかかわらず、県内の縫製工場が手に入れるのは一着一〇〇〇円未満の金額でした。これでは働けど働けど実入りは少ない。下請け構造からの脱却には、デザインなどの技術力やブランド力、マーケティング力などを高めなければならず、それにはデザイナーなど専門家の育成を必要としますが、今回のような一過性の予算ではそうした分野には充てられない。

もう一つは、いま全国の道県の多くがギリシャと同じく「貿易収支」が大幅な赤字となっていることです。つまり、地域の外から買うものが多く、地域の外に売るものは少ない。鳥取県の場合、外から買うものの第一はエネルギーです。鳥取県には原発も火力発電所もないため、電力のおよそ九割、化石燃料は一〇〇％外から買うしかありません。一方で、売るものは電気器具や農産物などいろいろありますが、買うものに比べたら圧倒的に少ない。意外なことに、食品も外から相当買っている。菓子類や冷凍食品、調味料などの加工食品です。農業や漁業を主要産業にする県ですが、外に売るのは梨やスイカやネギなど、かさばる割には単価が高くないものが中心で、外から買うのは付加価値のついた高い製品です。実は、一次産業もプランテーション農業のような状態に置かれているのです。お金が外へ出ていくということは、雇用も逃げていくということであり、この構造を変えなければ、プレミアム商品券やふるさと旅行券をいくら配ってみてもほとんど意味がないのです。

このように考えれば、やるべきことは自ずと見えてきます。最大の弱点であるエネルギーの自給率を上げるために再生可能エネルギーを普及させ、農業県であれば、加工産業を盛んにすべく農業の六次産業化を目指す。そのためには、技術面でそれを主導し、下支えする地方の国立大学の工学部や農学部、あるいは県の農業試験場や工業試験場などにもっと光をあて、研究者の育成に取り組まなければなりません。

これまで地方の研究機関では、農業でいえば、もっぱら栽培技術に重点がおかれてきましたが、下請け構造からの脱却には、種苗の遺伝資源など知的財産権分野の研究や加工技術の研究が求められます。鳥取県の園芸試験場は、世界各地から集めた二〇〇〇種の種子を保有する「世界スイカ遺伝資源銀行」をつくるなど、世界的な研究に取り組んでいます。

地方創生というならば、地方の高等教育機関や研究機関の充実が必要であるにもかかわらず、今回それらはほとんど視野に入っていない。それこそ一過性の予算はつくようですが、基本的には相変わらず地方の国立大学は毎年一％ずつ運営費交付金が減らされ、真綿で首を絞められるような扱いを受けています。これをまず反転させるべきでしょう。

小田切　地方が長らく下請け構造のもとにおかれてきたのは、地域自らが地域をみがく時間とノウハウがなかっただけなのだと思います。九〇年代初頭までのリゾート開発、二〇〇〇年代の市町村合併と、各地域は外来型開発や制度改変に翻弄されてきました。その中で、地域住民が地域を点検して地域の宝を見つけ、それをどうみがいていくか、いまようやくじっくりと考える機会が到来したのです。地域をみがくノウハウと経験は、この一〇年間で蓄積されています。ですから、そのためのワークショップなどにこそ予算を流してほしかった。そして、その呼びかけをしてほしかった。地域をみがくためにかかる時間は地域によってさまざまでしょうが、確実に立ち上がりがあるはずです。

片山　地方創生には疲弊する地方をなんとかしたいという善意もあるのでしょうが、過去の政策の検証も総括もなく、結局はこれまでと同じくお役所中心の皮相で、現場や住民の真のニーズとはズレたものにならざるを得ない。どうも、本質を外れた政策に傾きつつあるように思えてなりません。

その最たるものが「ふるさと納税」でしょう。これについては、本連載（本書「自治を蝕むふるさと納税」一四二頁）でも批判しましたが、政権は現在の控除枠をさらに拡大しようとしています。健全な寄付文化の醸成という当初の目的から離れ、見返りを求める日本社会の悪しき風習を助長しているように思います。

小田切　来年(二〇一六年)にかけて、永田町は憲法改正の論議で忙しくなると言われており、地方をなんとかしようという方向性すら失われていくことも予想されます。その意味でも、交付金はもちろん、地方創生政策も短期間で終わる可能性もあります。だからこそ、地方は主体性を持ってそれに対応しないと、今回の地方創生も、リゾート開発など外来型開発のときと同じ結果に終わってしまうのではないかと考えています。

人口増ではなく「人材増」を促す教育を

小田切　もし、ほんとうに地域を活性化させようとするならば、徹底的にボトムアップで進めていくべきだと思います。地域のライフスタイル、つまり単に仕事などの経済活動だけではなく、農山村での暮らしや環境、文化、伝統などすべてを含めたライフスタイルを、ボトムアップで再発見、再創造し、地域づくりの計画を立てることが必要なのです。それによってこそ地域をみがくことができる。

そういったライフスタイルに対して、都市に住む若者がシンパシーを持ちはじめています。これはきわめて現代的な現象で、その底流に3・11の衝撃がある。若い人が生き方を考えることは、一過性ではなく長期的な傾向であって、その受け皿づくりが切実に求められています。また、Iターン者の受け皿を用意することは、実はUターン者の増加にもつながる。鳥取県では実際にそのような現象が起きています。近年は「孫ターン」、つまり祖父母の暮らす地域への回帰も生まれています。フィクションですが、その典型例がNHKの朝ドラ「あまちゃん」です。地域をみがくことで、さまざまな動きが出てきているのです。真の地方創生を図るためには、こうした動きを支えていく仕組みづくりが不可欠です。

片山　IターンやUターンなど外から人を呼び込むことも重要ですし、同時にできるだけ外に出ていかないで残ってもらうことも必要だと思います。財界やマスコミ界をあげてグローバル人材がもてはやされていますが、地方の視点でいえば、いま求められているのは、生まれ育った土地で自己実現を果たすとともに、地域社会を支える「ローカル人材」の育成ではないでしょうか。

そのために何をすべきか。とりあえず魅力ある仕事がなければならないということなのでしょうが、それだけでは必ずしも十分ではありません。いま、地方に暮らす若者には地元への誇りや自信を感じることがなかなかできない欠乏感があるように思います。その意味で興味深いのは沖縄です。沖縄には独自の歴史や文化があり、住民もそれを自覚し、誇りを持っている印象が強い。そういったソフトの財産が、本土からも若者を魅きつける魅力になっているのでしょう。沖縄のあり方には、他の地域も大いに学ぶことがあると思います。

郷土の歴史や文化、伝統などをもっと学べるようにする。そのための環境整備の核となるべきはそれぞれの地方の教育委員会です。ところが、この五人ないし六人の教育委員で組織される教育委員会が、多くの自治体で形骸化している。そんな事情のもとで、文部科学省の中央集権的で全国一律の教育方針がほぼダイレクトに受け入れられてしまう。アメリカの教育委員会は、だいたい保護者や教員、それに生徒たちも集う市民の広場となっています。当事者たちが議論し意見を集約する慣わしになっているので、仮に中央からおかしな方針が来たとしてもそれを跳ね返せる。日本でも、歴史教科書の選定をめぐり、文科省の不当な圧力に抗して筋を通した沖縄県竹富町教育委員会の例がありますが、残念ながらわが国では例外的です。

ともあれ、自分たちの地域にとって、真に必要な教育とは何かを考えることが大切ですし、地域を支えるローカル人材の育成が必要です。そのためには、地方創生の基盤づくりとして教育委員会をまず立て直さなければなりません。

また、地方議会も形骸化しています。議会には予算の使い道を決めたり、税負担を決めたりする権限があるのですが、現状ではお金の出処である首長や行政にすり寄って存在意義をなくしている。教育委員会も議会も本来は民主主義の装置なのに、委員や議員にはその自覚がない。住民も期待をしていないし、関心も持たない。地域づくりの障害になるのは、日本社会に根強い「お任せ民主主義」的な政治文化なのかもしれません。

小田切　片山さんが指摘されたように、あるべき地方創生の対抗軸は人材であり、教育です。このところ、人口増ばかりがクローズアップされますが、重要なことは「人材増」を図ることだと思います。ところが、創生本部は霞が関の官僚を自治体に派遣するという。派遣ということは一定期間がたてば戻るのですから、地域の人材増にはつながりません。むしろ、官僚が派遣されなければ生まれたはずの人材の地域での学びを吸収してしまう可能性すらあるでしょう。

いま求められている人材像とは、住民がそこに住み続ける意味を見失う「誇りの空洞化」を乗り越えた人々です。誇りの空洞化を乗り越えるには、片山さんが述べられたような公教育の充実と、付け加えれば公民館が重要なのですが、公民館はいまカルチャー講座的なものに変わってしまいました。

いま私が注目しているのは、西日本、とりわけ中国山地を中心とする地域で、おおむね小学校区単位でつくられた「手づくり自治区」「地域運営組織」と呼ばれる新しいコミュニティ組織です。こうした住民主体の新たな自治組織は、農協撤退後の日用品店やガソリンスタンドの運営を引き継いだり、高齢者へのケアなど多様な事業を行っています。平成の大合併時に、広域化する自治体が抱える問題に対処する自治拠点として、住民が手探りでつくりあげてきたのが「手づくり自治区」です。その中でもっとも成熟したところは、自ら人材育成にまで乗り出し、地域の大学や他の先発地域と連携した「地域づくり講座」を運営している。それをしないと足下のコミュニティ自体が続かないと気づいているからです。

課題先進地が地域づくり先進地になる！

片山　中国地方、とりわけ島根と広島、続いて鳥取と岡山の県境一帯の中国山地は早くから過疎化が進んだ地域でした。国が騒ぎだす前から、地域の過疎を何とかしようと危機感に基づく地道な取り組みを積み重ねてきたことが、いま地域づくりの実践となって花開きはじめているのでしょう。

小田切　まさに中国山地は「危機と再生のフロンティア」です。単なる作用・反作用ではなく、危機に立ち向かって再生へと導こうとしている人が大勢います。「地方消滅」という言葉で「諦め」の流れを強めるような真似をしてはならないと思います。鳥取県の智頭町《ちづちょう》では、一九九六年に「日本ゼロ分の一むらおこし運動」がおこりました。名前の由来は、町にある一六の集落が何もないところから一歩踏み出してみようと始めた取り組みだからです。それらの運動やワークショップの蓄積も進み、理論化もされて好循環が生まれています。

片山　智頭町はずいぶん前から危機感を持って住民が委員会を立ち上げ、活発な議論を交わしてきました。その矢先に鳥取市との合併の嵐が襲ったのです。役場職員にも合併派が少なからずいたことに驚かされたりしましたが、ともあれ住民投票や選挙をくりかえし、とうとう合併は否定しました。困難を経て自立した智頭町の住民には、強い当事者意識があるのだと思います。

小田切　地域づくりに必要なものを考えてみると、第一にワークショップなどの内発性、第二にそれを支える予算があり、かつその使途が一〇〇％自由であること、第三に予算が単年度主義ではなく長期性を持っていることです。今回の地方創生の新型交付金にはこの三要素のいずれも反映されていませんが、片山さんが鳥取県知事時代に創設した中山間地域活性化交付金は、先ほどあげた三要素を満たしていました。

片山　この交付金は、限界集落も含めて中山間地域の活力を高めるための県から市町村への支援策の一環でした。しかし、従来と同じようなことをしていては効果が見込めない。そこで、使途を自由にした予算を用意し、単年度主義はやめて三年間保障する、さらに県庁と市町村だけのやりとりでは往々にしてうまくいかないので、自治体が決め、県職員が中身を監視する従来のやり方はやめ、地域に何が必要かを判断するに当たっては、それにもっとも詳しい地域住民の意見を尊重することにしました。当初は県の職員も中身のチェックをしたがっていましたが、そのうち職員もチェックの必要がなくて楽になったと言っていました。霞が関も考え方さえ変えれば楽になるはずです。こちらのほうがはるかに建設的です。

小田切　私が政府にお願いしたいことは、歩みはゆっくりかもしれない地域の内発的な動きを、とにかく邪魔をしないでくれということです。財政支出が必要ないという意味ではなく、過疎対策や地域振興にかかわる政策、地方交付税などで土俵をきちんと整えたうえで、各地域の内発的な個性あふれる展開を後押ししてほしいということです。

現状では、新型交付金の運用など、安倍政権の地方創生の方向性は大いに疑問ですが、地方創生で地域に目が向けられていることには意味がある。振り返れば、過疎という言葉は東京オリンピック前後に生まれました。高度経済成長のもと国土の均衡ある発展を謳いながら、東京一極集中を是正できなかった、これまでの半世紀の歩みをプランAとするならば、いま求められているのは、農山村の再生を図りながら国民の田園回帰を促進することで、都市と農村が共生する社会を描く、新しい半世紀のプランBだと思います。その意味では、私は、真の「地方創生」への展開に期待しています。

片山　地域にとっては実に慌ただしく窮屈な地方創生政策ですが、地域は自らの課題を点検し、可能な範囲でそこに予算を取り込んで前進させたらいいと思います。下請け経済構造から脱却するための第一歩は、自治体自身が考える力を養うことです。しっかり考えて、望ましい方向へ実践を重ねていくことが大切です。

片山善博

慶應義塾大学法学部教授.

1951年生まれ．東京大学法学部卒業．1974年自治省入省．1999年鳥取県知事に就任(～2007年)．2010年9月総務大臣に就任(～2011年9月)．地方制度調査会副会長，行政刷新会議議員なども務めた．

著書に『日本を診る』(岩波書店)，『片山善博の自治体自立塾』(日本経済新聞出版社)，『「自治」をつくる――教育再生／脱官僚依存／地方分権』(共著，藤原書店)など．

民主主義を立て直す ―日本を診る 2

2015年11月18日　第1刷発行

著　者　片山善博《かたやまよしひろ》

発行者　岡本　厚

発行所　株式会社 岩波書店
〒101-8002 東京都千代田区一ツ橋 2-5-5
電話案内 03-5210-4000
http://www.iwanami.co.jp/

印刷・法令印刷　カバー・半七印刷　製本・三水舎

ISBN 978-4-00-024878-5　　Printed in Japan